Coleção Histórias Sinceras do Futebol

Prazer, adversário Corinthians 100 anos: 100 derrotas implacáveis

Sebastião Corrêa Porto

Porto de Idéias
EDITORA

Coleção Histórias Sinceras do Futebol
Prazer, adversário!
Corinthians 100 anos: 100 derrotas implacáveis
Sebastião Corrêa Porto

Coordenação Editorial
Silvana Pereira de Oliveira

Projeto Gráfico
Caroline Silva

Capa
Juliana Signal

Dados Internacionais de Catalogação na Publicação (CIP)
(Câmara Brasileira do Livro, SP, Brasil)

Porto, Sebastião Corrêa
Prazer, adversário! : Corinthians 100 anos : 100 derrotas implacáveis / Sebastião Corrêa Porto. -- São Paulo : Porto de Idéias, 2010. -- (Coleção histórias sinceras do futebol ; 1)

ISBN 978-85-60434-89-3

1. Sport Club Corinthians Paulista 2. Sport Club Corinthians Paulista - História I. Título. II. Série.

10-08091 CDD-796.3340608161

Índices para catálogo sistemático:
1. Sport Club Corinthians Paulista : História 796.3340608161

EDITORA PORTO DE IDÉIAS LTDA.
Rua Pirapora, 287 – Vila Mariana
São Paulo – SP – 04008.060
Tel. 11 3884-3814 Fax 11 3884-5426
portodeideias@portodeideias.com.br
www.portodeideias.com.br
twitter.com/portodeideias

Dedico este livro a todos os amigos, colegas de escola e de trabalho, conhecidos, companheiros de longas e curtas jornadas, professores, alunos, ex-alunos e todas as outras formas de agregados com quem um dia pude dividir momentos divertidos trocando opiniões sobre o Sport Club Corinthians Paulista que, neste ano do Senhor de 2010, comemora o seu primeiro centenário. Em nome destes queridos torcedores do Corinthians, aqui relacionados, saúdo e homenageio a enorme nação corintiana, que a cada derrota alvinegra amplifica nossas alegrias de torcedores adversários, aceitando com civilidade e esportividade a superioridade de nossos times sobre o time corintiano.

Então, aos 100 ilustres corintianos aqui relacionados, tantas vezes vítimas de nossas brincadeiras, dedico este breviário com 100 derrotas implacáveis do Corinthians.

Ademir Alves Lindo
Agnaldo Landgraf De Mattia
Alyne Basterra Queiroz
Amanda Brígida da Silva Rodrigues
Ana Maria Grisi Santos
Anderson Pereira Matos
Anderson Rodrigo Rocha de Oliveira
Andréia Soares Veridiano
Andressa Pereira Davi
Angélica Rocha Mendes
Antonio Almeida
Antonio Soares Jr.
Antonio Soares Neto
Antonio Viotto
Baltazar Gonçalves
Beatriz Aparecida Azevedo
Berenice de Fátima Lorenço
Braulis Henrique do Nascimento
Bruna Bertolo de Souza
Camila Rosin
Carina Rosin
Carla Patrícia Gobetti
Carlos Aparecido Kantor
Carlos Vanderlei Feldberg (Vandeco)
Carolina de Carvalho Maranho
Carolina Rosin
Cátia Aiello
Célia Regina Cruz
Celso Lorenço
César Augusto de Oliveira Alves
Claudia Bravo
Cláudio José Colombo
Cláudio Fantinato (Taú) *in memoriam*
Clayton Eduardo Fraga Bonfiglioli

Clifthon Stanley Thon
Daniela Dias Carvalho
Débora Aparecida Lorenço
Edgar Mollo
Edilaine Soares de Oliveira
Edson Santos Araújo
Eduardo Augusto Salgado Felipe
Erica Camilo
Érica Teruel Gimenes
Fausto Victorelli *in memorian*
Fernando Bortolucchi Dagostino
Fernando Piva
Flávio de Castro
Gislaine Cristina de Souza
Guilherme Mucillo De Mattia
Heloisa Zechmeister Pivaro
Irineu Belchior
Jaciara Aline da Silva
Jair Ramos Filho
Jarbas Rosin
Jean Karlo Oliveira de Souza
Jennifer Itiroco Silva
Jonathan Felipe da Silva
José Inocêncio dos Reis
José Maria Valente
José Pereira de Oliveira (Netinho)
José Sérgio Fonseca de Carvalho
Karem Soraia Marquez
Laélia Corrêa do Santos
Leiliane Aparecida de Araújo
Leonardo Mucillo De Mattia
Letícia Guarizo Arraes
Lilian Ferreira de Oliveira
Lilian Queiroz Paula Weber
Lourenço Antonio Romanelli Vieira
Luana Cristina Hoffmann
Lucas de Sena Lima
Luis Antonio Galego
Luiz Alberto Ferreira Lima
Luiz Sérgio de Jesus Silva
Marcelo Da Viá
Marcelo Palavéri
Marcelo Rodrigues P. Moreira
Márcio Rodrigues P. Moreira
Maria Carka Alves
Mariana Pedro Santos
Mário Luís C. de Sousa (Marinho)
Mauro Justino
Mauro Roberto Rodrigues Telão
Messias Cândido da Silva
Milton Severino Filho (Mirtolinha)
Nagela Melon de Paula
Nelso Stepanha
Paulo Denilson L. de Oliveira (Pauleta)
Rafael de Oliveira Alves
Raul Christiano dos Santos Sousa
Reinaldo Martelli Jr.
Renata Ignácio Duran
Roberto Chericone
Rodrigo de Luna Capece
Stefhanie Gomes Laina
Thais Aparecida dos Santos
Thiago Augusto Fernandes
Vanderlei Mariano
Vanessa Barchi
Wagner José Moreira

É sempre oportuno agradecer. Por isso agradeço à Associação Atlética Portuguesa (Santista), ao Esporte Clube XV de Novembro de Jaú e ao Esporte Clube São Bento, que gentilmente nos cederam imagens dos seus respectivos times que venceram em campo o Sport Club Corinthians Paulista.

Agradeço também ao Sr. Doraci Sola Galera, que prontamente nos atendeu, colocando à nossa disposição o seu acervo pessoal.

Agradeço ainda a todos os corinthianos aqui citados que, com civilidade e espírito esportivo, souberam compreender o propósito lúdico e festivo desta publicação.

Portuguesa Santista, 1949. Acervo: Aguinaldo

XV de Jaú, 1978. Acervo: Arquivo/XV de Jaú

São Bento, 1983. Acervo: Sr. Edgard de Almeida Moura

APRESENTAÇÃO

Dedicado a uma releitura dos 100 anos de vida do Sport Club Corinthians Paulista, através de 100 derrotas fundamentais, este livro aborda aspectos raramente examinados em outros estudos sobre o clube e seus adversários. O livro enfoca o comportamento do time e da torcida corintiana ao longo destes 100 anos, destacando atitudes recorrentes e gestos típicos que ocorrem antes, durante e depois de suas derrotas.

O comportamento do time corintiano diante de cada um de seus adversários, uma vez definido, tende a se manter inalterado ao longo de sua história. Por sua vez, com um comportamento independente do comportamento do time, a torcida reage a seu modo em função do adversário e do local da partida. Assim, têm adversários que mexem muito com o time, outros mexem mais com a torcida. E há aqueles que provocam as mesmas reações no time e na torcida. Diante de cada grande time, um sentimento diferente toma o corpo e a alma do Corinthians, transferindo para cada adversário um prazer único e especial de vencê-lo.

São destacadas aqui algumas dessas atitudes do time e da torcida corintiana diante de seus tradicionais adversários no futebol brasileiro, com o propósito de exemplificar alguns dos complexos que o time e a torcida carregam e ajudam a explicar o quanto é saboroso vencer o Corinthians.

Contra o Santos, por exemplo, o time corintiano sempre se comportou como um aprendiz diante do mestre. O Corinthians sempre jogou "incomodado" contra o Santos; mais admirando do que se defendendo do futebol técnico e irreverente da equipe santista. As derrotas para o Santos sempre foram momentos de aprendizagem para a equipe corintiana, que nunca deixou de levar para casa lições de um futebol mais moleque, vistoso e alegre. Quando se trata do Santos, é sempre especial para o corintiano, um drible desconcertante, uma goleada histórica, um show de bola; tudo isto conta de uma maneira diferente. Para os corintianos, apanhar do Peixe é como surra de mãe, dói de outra forma. Nos jogos contra o Santos, os sentimentos da torcida sempre foram uma mistura de resignação com admiração. Este comportamento de reverência às conquistas santistas vem de décadas, e nada parece poder modificá-lo. A torcida do Corinthians se deixou fascinar por alguns times do Santos de maneira mais intransigente do que muitos santistas.

Para com o Palmeiras o comportamento já é outro. Diante deste seu arquirrival, o Corinthians sempre manifestou um grande complexo de inferioridade, assumindo quase sempre o papel do time pequeno, deixando ao Palmeiras o papel do time grande. Desde o início desse confronto, o Palmeiras se impôs soberanamente, vencendo logo as 2 primeiras partidas e jamais permitindo que o Corinthians ficasse à sua frente no confronto direto. Nas derrotas para o Palmeiras, o desconsolo da torcida corintiana é de despertar piedade; seus torcedores mostram-se tão impotentes e violentados pelo impiedoso carrasco que fica difícil aceitar que se trata de dois times importantes de São Paulo. Impressiona assistir quanto o Palmeiras cresce quando joga contra o Corinthians.

O São Paulo Futebol Clube representa no imaginário do corintiano tudo aquilo que ele gostaria que seu time fosse. O fato de não ter um estádio próprio, precisando do favor de outros para disputar seus jogos, fez do time do Morumbi algo inatingível para quem olha da Fazendinha. A distância é tão grande entre os dois clubes que o complexo de rejeição dos corintianos é a imagem em negativo da soberba são-paulina. Para boa parte de sua torcida, dividir as arquibancadas com a torcida adversária nos jogos contra o São Paulo era mais importante do que vencer a partida. Sentir-se invadindo o estádio adversário, mesmo que a dor da derrota fosse certa, sempre foi mais importante do que vencer o jogo. O complexo de rejeição é tão forte que os corintianos rejeitam os próprios ídolos. Nestes 100 anos de vida, quantos jogadores não foram chamados de rei e depois apedrejados? Muitos, seguramente. Mas tal tratamento nunca se mostrou suficiente para conter a despedida precoce, o abandono do projeto. A muitos chamaram de rei, a nenhum deram a majestade. A bem da verdade, nunca deixaram de enxergar a majestade com a camisa adversária.

E a Portuguesa de Desportes? Nada mais cansativo do que relembrar a quantidade de vezes que a Portuguesa foi prejudicada para que o Corinthians fosse favorecido. O caso mais conhecido aconteceu no dia 27 de abril de 1998, quando os dois times fizeram uma das semifinais no Campeonato Paulista. A Portuguesa tinha mais time e jogava pelo empate. O Corinthians conhecia suas limitações e aceitou que fossem buscar na Argentina alguém que pudesse ajudá-lo a obter o resultado que necessitava. Encontraram entre "los hermanos" o homem que poderia operar mais uma vez a Portuguesa. Desta feita a Portuguesa foi portenhamente prejudicada.

Diante do Flamengo e sua torcida, a pequenez do Corinthians chega a ser patética. A torcida corintiana, quando se encontra diante da torcida flamenguista, comporta-se com tanta subserviência que chega a ser comovente. Como o garoto que acaba de ganhar as ruas e procura imitar os modos e trejeitos do mais forte da turma, a torcida do Corinthians vai ao estádio com o mesmo propósito inconsciente de copiar indisfarçadamente tudo que a torcida adversária fizer. Constrangida diante da força e criatividade da torcida rubro-negra, a torcida corintiana fica sempre muito pouco à vontade quando se encontram, admirando a manifestação de um fanatismo ainda muito distante de suas possibilidades. Quando se depara com a torcida carioca, se esquece, muitas vezes, do próprio jogo, acomodando-se como a parte silenciosa do estádio.

O Flamengo é tudo aquilo que o Corinthians gostaria de ser, pensa que é, mas não é. O Corinthians se imagina tão popular quanto o Flamengo, mas não chega nem a arremedo do time carioca. Em nada o Corinthians pode se comparar com o Flamengo, menos ainda em popularidade. As cores rubro-negras se espalham pelo país, enquanto as cores corintianas não são predominantes nem mesmo no interior de São Paulo. O desejo de ser o Flamengo faz do Corinthians algo simplesmente cômido, pois não tem o mesmo carisma, nem a mesma vocação para a popularidade. Assim, torna-se digna de dó quando procura se espelhar na torcida flamenguista. Tudo que nasce de forma criativa e original nas arquibancadas flamenguistas do Maracanã, reaparece por aqui como cópia malfeita e artificialismo entre os Gambás. Tudo aquilo que para as demais torcidas é invejável na torcida do Flamengo, admirável exemplo de força e emoção, quando imitado pela torcida corintiana suscita apenas comiseração. É preciso repetir, não há comparação entre estas torcidas. Os próprios jogadores corintianos parecem se render à torcida flamenguista, como aconteceu nas rodadas finais do Campeonato Brasileiro de 2009.

Dos chamados times grandes, o Botafogo é certamente o mais instável e, por isso, seu torcedor é o mais pessimista dentre todos. O torcedor botafoguense está sempre desconfiado do sucesso de seu time. Uma sequência de vitórias, um ataque matador, um meio-de-campo criativo, um artilheiro com fome de gols, nada disto é suficiente para fazê-lo acreditar que seu time pode vencer. O torcedor botafoguense está convencido que seu time pode surpreender; sempre negativamente. Esta desesperança botafoguense conhece uma única exceção: os jogos do Fogão contra o Sport Clube Corinthians Paulista. Isto porque o Corinthians é um freguês de carteirinha do Botafogo.

Uma das maiores glórias do Corinthians, para o clube e sua torcida, está associada a uma partida que o time não venceu. Este jogo se deu contra o Fluminense. A imprensa batizou de "Maracanaço" a este bizarro acontecimento. Nas semifinais do Campeonato Brasileiro de 1976, a ensandecida e oportunista torcida corintiana invadiu o Rio de Janeiro sob o pretexto de torcer pelo seu time. Ensandecida porque, mais uma vez, não se deu conta de que suas chances eram pífias, logo confirmadas, naquele campeonato. É justo lembrar que o Corinthians se encontrava naquela famosa fila de 23 anos, sem qualquer título digno de nota. Oportunista porque aquela torcida que invadiu o Rio de Janeiro o fez aproveitando-se das condições oferecidas pela diretoria corintiana, que estava mais uma vez subsidiando a viagem, desta vez para a Cidade Maravilhosa. Cidade que a grande maioria que lá esteve ainda não conhecia. A torcida corintiana invadiu as praias cariocas, viu seu time empatar e garantir o direito de ser derrotada dali a alguns dias, na disputa do título com o Internacional. Concretamente, o tal "Maracanaço" significou, tão somente, desconforto para os cariocas e uma bela renda para o Fluminense.

O que dizer do Corinthians contra o Grêmio? Até mesmo contra este time gaúcho, que se acha e se sente argentino, o Corinthians leva pau – e dos grandes. É impressionante o servilismo do Corinthians às cores e ao sotaque argentinos. Se não bastassem aqueles episódios vergonhosos do "rei Teves", do contrato do Passarella, ainda existe uma chuva de goleadas sofridas para este time argentino que entre nós se esconde. Se ainda não se convenceram, lembrem-se do jogo que derrubou o time para a segunda divisão.

Além da Libertadores, o Internacional possui outras glórias muito cobiçadas pelo Corinthians. Este clube brasileiro nasceu com o nome e as cores da Internacional Socialista, movimento criado com o propósito de promover mundialmente a emancipação da classe trabalhadora e lutar pela igualdade social. O seu hino traz acordes preservados depois no hino do Sport Club Internacional. Aqui, sim, há uma história construída desde sua gênese, e não falseada em períodos de autoritarismo, de identidade entre um clube e a classe trabalhadora. Infelizmente as lições da história quase nunca propiciam ensinamentos no futebol, principalmente quando o técnico é cada vez mais chamado de professor, enquanto o verdadeiro professor se vê cada vez mais destituído de seu domínio técnico. Mas voltemos ao campo de jogo para dizer que a última vitória significativa do Corinthians sobre o Internacional se deu quando este time do Sul precisou enfrentar um time de onze jogadores e um trio de arbitragem. Foi uma vergonha!

Ultimamente o Clube Náutico Capibaribe tem sido um terrível carrasco do Corinthians. O time pernambucano tem vencido com muita facilidade em São Paulo ou no Recife. O que poucos sabem é que torcedores palmeirenses, são-paulinos e santistas têm comparecido nos jogos em São Paulo, misturando-se discretamente aos torcedores do Timbu para vibrarem com a vitória quase sempre certa do Náutico.

Para sua sorte, o Corinthians não tem enfrentado ultimamente um terrível adversário chamado Comercial Futebol Clube. São tantas as vitórias do Comercial sobre o Corinthians, que foi difícil escolher aquela que maiores estragos causou ao time do Parque São Jorge. Na década de 1960, o Pacaembu e o Palma Travassos rivalizam entre si, como o estádio com o maior número de vitórias do Comercial sobre o Corinthians.

Também merece atenção especial o comportamento da torcida corintiana no Pacaembu. O descaso, muitas vezes demonstrado, com os seus próprios ídolos, com o time em campo e com o estádio que não lhe pertence é de uma incivilidade única. Outras tantas vezes, a incivilidade se transforma em violência: o alambrado é destruído, jogadores são perseguidos, ameaçados, cercados. Quantas não foram as derrotas do Corinthians no Pacaembu? Quantas não foram as vezes que a torcida se revoltou contra o próprio time, invadiu o campo, enfrentou o policiamento, depredou as instalações físicas, destruindo seus ícones e ídolos.

Quantas vezes os responsáveis por este estádio da municipalidade vieram a público prestar contas dos estragos provocados pela torcida corintiana neste equipamento? Nenhuma. Por quê? A quem caberia cobrar, ao Ministério Público?

1ª derrota implacável

Corinthians 3 x 6 Santos

Parque Antártica, 22 de junho de 1913

Campeonato Paulista. Primeira vitória do Santos na história do campeonato paulista, justamente no seu primeiro jogo contra o Corinthians. A sapatada do Santos logo na primeira partida entre ambos foi um aviso que o Corinthians jamais pôde esquecer. Os registros deste jogo dizem que foi uma verdadeira aula de futebol ministrada pelos santistas. O Corinthians mal viu a cor da bola, assombrado que estava com a habilidade e a visão de jogo da equipe praiana. Haroldo, Cross, Arnaldo Silveira e Millon mostraram a seus adversários que jogar futebol também pode ser uma arte. A lição dada foi tão marcante que, desde então, sempre que enfrenta o Santos, o Corinthians coloca-se na condição de aprendiz. Neste jogo inaugural de um dos grandes clássicos do futebol brasileiro, mesmo jogando fora de seus domínios, o Santos não tomou conhecimento do adversário, aplicando uma contundente goleada. Cronistas da época relatam que os primeiros torcedores do Santos em São Paulo surgiram durante esta partida, no interior da própria torcida corintiana. Ao final da partida, impressionados com a técnica e o futebol alegre da equipe santista, muitos torcedores do Corinthians declararam que a partir deste momento seriam torcedores do Santos Futebol Clube. Assim, desde sua segunda partida, o time do Santos passou a contar com um grupo de torcedores na cidade de São Paulo, formado na sua maioria por ex-torcedores do Corinthians.

2ª derrota implacável

Palestra Itália 3 x 0 Corinthians

Parque Antártica, 06 de maio de 1917

Campeonato Paulista. Já na sua primeira partida contra o Corinthians, vitória fácil do Palestra Itália/Palmeiras. Trata-se de uma vitória inesquecível por diversas razões. No primeiro confronto entre estas duas equipes, já fica estabelecido quem será o freguês nessa história particular. O Corinthians, que vinha de 25 partidas invictas, não poderia imaginar que encontraria neste jogo o seu carrasco histórico. O jogo fez um herói, Caetano, ponta-direita que marcou os 3 gols da partida.

3ª derrota implacável

Portuguesa de Desportes 1 x 0 Corinthians

Chácara da Floresta, 09 de setembro de 1923

Campeonato Paulista. Primeiro jogo entre as duas equipes e a Portuguesa de Desportes logo descobre que para vencer o Corinthians em terras paulistas não bastará jogar melhor, nem ter o melhor elenco, nem mesmo possuir um estádio próprio, nada disto será suficiente frente à principal estratégia do adversário: colocar o árbitro no bolso. Assim o Corinthians procurou se impor à Portuguesa neste jogo. As jogadas de Filó e Peres, desde o início da partida, infernizam a defesa corintiana. De uma bela jogada entre os dois atacantes, sai dos pés de Peres o primeiro gol luso. Mas a beleza da jogada e a plástica conclusão do atacante não foram suficientes para demover o árbitro de seu remunerado propósito: o gol foi prontamente anulado. O goleiro corintiano, Colombo, sorria constrangido, confessando depois que anular um gol daqueles era, no mínimo, pecado. Certamente fora educado longe do Parque São Jorge. Como o ataque da Portuguesa não diminuía o ritmo, o árbitro, trazido especialmente do Rio de Janeiro, tratou de arrumar, da forma mais vergonhosa possível, um pênalti para o Corinthians. Desta vez o roubo não compensou: o goleiro da Lusa, Mesquita, fez uma bela defesa. O árbitro oferecido já não sabia mais como ajudar o Corinthians, quando Filó, como se ignorasse a defesa adversária, fez 1 X 0 para a Portuguesa. O público, honesto, em júbilo, desafiava o árbitro a anular este gol também. Constrangido validou, mas na sequência Peres marcou mais uma vez, fazendo um gol ainda mais bonito que os anteriores e, como os demais, sem qualquer irregularidade. Isto não bastava, o árbitro flamenguista, que estava conversado, simplesmente anulou mais este gol. A esta altura do jogo, todos ali presentes estavam convencidos de que o antídoto para tamanho veneno seria uma dose ainda maior do mesmo veneno, isto é, só muito dinheiro demoveria aquele árbitro de sua missão: fazer o Corinthians ganhar a qualquer custo. No entanto, o tempo passava, o domínio luso em campo crescia, e o jogo se complicava cada vez mais para o árbitro que, aos 40 minutos do segundo tempo, resolve inventar mais um pênalti para o Corinthians. O público delira de raiva, membros da imprensa mandam buscar o bispo, o delegado, o facínora, qualquer um que pudesse por fim àquela vergonha. Pais acompanhados dos filhos pedem para que os pequenos esperem lá fora, não podem ficar expostos a tamanha lição de desonestidade. O pênalti será cobrado, Amílcar não tem coragem de ser protagonista neste escândalo, Del Debbio aceita o papel sujo, mas chuta na trave. O público presente cai em constrição diante da justiça divina que se opera naquele instante. Os pais correm chamar de volta seus filhos para comungarem em família daquele momento. Diante da vontade sobre-humana, o elenco corintiano se divide, alguns jogadores se juntam ao goleiro Colombo, entendem que a roubalheira já extrapolou todos os limites. Dois ou três jogadores corintianos caminham até o árbitro carioca para pedir que encerre logo a partida; no que são atendidos. O árbitro, digno de piedade, não precisou de qualquer proteção policial, pois Deus já havia estendido seus olhos sobre ele. A Portuguesa jogou com: Mesquita; Fonseca e Avancini; Macaco, Aro e Canhoto; Filó, Peres, Ross, Bassani e Hugo. O Corinthians apanhou com: Colombo; Pinheiro e Del Debbio; Gelindo, Amílcar e Ciasca; Peres, Neco e Apparicio, Tatu, Rodrigues e Orestes Moura Pinto (o árbitro).

4ª derrota implacável

Corinthians 3 x 8 Santos

Parque Antártica, 04 de setembro de 1927

Campeonato Paulista. O ataque do Santos era formado por Camarão, Feitiço, Araken e Evangelista. Este ataque marcou 100 gols no ano, em apenas 16 jogos. Antes de o jogo começar, o Corinthians sabia exatamente o que tinha pela frente. O medo do Corinthians de levar uma goleada nunca antes aplicada no futebol brasileiro, fez com que todos os seus jogadores se posicionassem na defesa, obstruindo a maioria das jogadas com faltas e atitudes de antijogo toleradas pelo árbitro. Mesmo assim o time santista marcou 8 gols, 4 só no primeiro tempo. Nesta tarde de domingo a torcida corintiana deixou a praça de esportes resignada com a goleada que acabara de sofrer, pois estava convencida de que o time adversário era muito superior. Como cristãos-novos, obrigados pelas condições da época a encenar em público uma religião que na verdade não seguiam, muitos torcedores corintianos secretamente já torciam pelo Santos. A partir deste jogo, e em todas as décadas seguintes, o Santos montará ataques que exercerão verdadeiro fascínio sobre grande parte dos corintianos. Mistérios do futebol.

5ª derrota implacável

Guarani 6 x 2 Corinthians

Estádio do Guanabara, 04 de março de 1928

Campeonato Paulista. O Guarani entrou em campo para arrasar o Corinthians. Não poderia desperdiçar essa rara oportunidade. E assim fez, enfiando 4 X 0 ainda no primeiro tempo. No segundo tempo, a equipe de Campinas preferiu dar olé a ampliar ainda mais o placar. Era dia de festa, desta vez o resultado da partida não estava no bolso do árbitro. O juiz que costumeiramente viajava com a delegação do Corinthians para apitar os jogos do time pelo interior e litoral, não pôde vir dessa vez, permanecendo em São Paulo com problemas familiares. Minutos antes de entrar em campo, a equipe de Campinas recebera a notícia, iniciando imediatamente uma festa no vestiário. Os jogadores bugrinos sabiam que o Corinthians não tinha time para vencê-los com um árbitro neutro apitando a partida. Por isso a festa, antes mesmo do início do jogo. Ninguém tinha dúvidas que o Guarani venceria.

6ª derrota implacável

Corinthians 1 x 5 Palestra Itália

Parque São Jorge, 07 de maio de 1933

Campeonato Paulista. Vitória marcante e implacável do Palestra Itália/Palmeiras. Além do placar do jogo, merece destaque o fato de a partida ter ocorrido no ano em que o profissionalismo foi instituído oficialmente no futebol brasileiro. Dessa forma, o Palestra Itália/Palmeiras vence também a primeira partida profissional que fez com o Corinthians. Não podemos esquecer que o jogo aconteceu no Parque São Jorge, confirmando que o time da casa nasceu realmente para ser freguês da italianada.

7ª derrota implacável

Palestra Itália 8 x 0 Corinthians

Parque Antártica, 05 de novembro de 1933

Campeonato Paulista. Vitória simplesmente massacrante do Palestra Itália/Palmeiras. Trata-se da maior goleada na história do clássico. O Corinthians não viu a cor da bola. Foi a maior goleada que o Corinthians sofreu em toda sua vida. Foi o primeiro jogo entre estas duas equipes pelo torneio Rio-São Paulo, pois a partida valia tanto para este torneio como para o Campeonato Paulista. De certa forma, podemos dizer que o Corinthians perdeu duas vezes numa única partida. Foi uma chuva de gols, com gols de todos os jeitos: o primeiro gol foi de sem pulo, o segundo foi entrando com bola e tudo, o terceiro foi de fora da área, todos esses marcados no primeiro tempo, pelo mesmo jogador, Romeu Pellicciari. No dia seguinte, a torcida corintiana quebra e incendeia a sede do clube. O Palestra Itália/Palmeiras está definitivamente presente nas tristezas corintianas. Nesta partida, um jogador baixinho, meio gordinho e muito provocador tomou conta do jogo. Além de fazer 4 dos 8 gols de seu time, deu-se ao capricho de sentar várias vezes na bola, levando ao delírio mais de 25 mil torcedores. Seu nome, Romeu Pellicciari, filho de tradicional família ítalo-jundiaiense.

8ª derrota implacável

Corinthians 0 x 2 Santos

Parque São Jorge, 17 de novembro de 1935

Campeonato Paulista. Partida decisiva. Disputa do título paulista. Santos campeão paulista pela primeira vez. O Corinthians a partir desta derrota encontraria no Santos o seu contraponto. Serão muitos os títulos conquistados pela equipe da Vila Belmiro em partidas decisivas contra o Corinthians. Devemos nos lembrar que nas arquibancadas do Parque São Jorge, torcedores de ambos os times estavam admirados com o futebol técnico e determinado do Santos. No time campeão, o experiente Araken continuava infernizando a defesa corintiana, agora ao lado de Junqueirinha, Pereira e Raul. A atuação do time santista em todo campeonato foi simplesmente brilhante, reservando uma atuação de gala para a partida final, quando vence com grande facilidade o Corinthians na sua própria casa. Desta vez os torcedores corintianos deixaram o estádio com certa alegria, pois sabiam que o seu time escapara de mais uma goleada vexatória. Ainda era cedo, mas depois desta partida os torcedores corintianos têm a confirmação daquilo que já suspeitavam: o Santos nasceu para brilhar e o Corinthians para lhe dar um lustro próprio.

9ª derrota implacável

Palestra Itália 2 x 1 Corinthians

Parque Antártica, 09 de maio de 1937

Campeonato Paulista. Esta partida decidiu o Campeonato de 1936. Mais uma vez o Palestra Itália/Palmeiras foi campeão em cima do Corinthians. Foi um campeonato empolgante; uma nova fórmula de disputa fora adotada com sucesso, o título seria decidido num confronto direto entre os vencedores de cada turno. O Corinthians terminou o primeiro turno invicto, mas permitiu que seu algoz vencesse o segundo turno com o mesmo desempenho. Três jogos foram realizados nesta final, duas vitórias do Palestra no Parque Antártica e um empate de 0 X 0 na Fazendinha. Novamente a cidade dividida: festa na zona oeste, tristeza na zona leste.

10ª derrota implacável

São Paulo 3 x 2 Corinthians

Pacaembu, 25 de agosto de 1940

Campeonato Paulista. A história dos confrontos oficiais entre São Paulo e Corinthians começa exatamente aqui. Lógico, com uma vitória são-paulina. O Corinthians entra em campo certo que aplicaria uma goleada, pois a equipe adversária vinha mal colocada no campeonato. Tratava-se apenas de um jogo entre o time do povo e o time dos estudantes. Já nesta época, o Corinthians procurava, a todo custo, ter exclusividade sobre a marca "time do povo", como se isto, por si só, merecesse algum louvor ou indicasse alguma vantagem esportiva ou moral. Não se pode esquecer que vivíamos, naquele momento, num estado autoritário, cujo governante-ditador, Getúlio Vargas, mantinha-se folgadamente no poder graças ao terror e ao apoio popular. "Povo, Deus me livre e guarde!" – Diz aquele que ousou discordar. Há 10 anos a Constituição Brasileira se encontrava no lixo; o povo pouco reclamava sua falta; o Corinthians se orgulhava de ser o time do povo. "Que fique e carregue este peso por toda eternidade!" – Já dizia o outro neste momento. Começa a partida, o estádio é novinho em folha, recém-inaugurado, a torcida é praticamente de um time só, o povo se faz presente, mas quem abre o placar é o outro time, aquele que querem estigmatizar como da elite. 1 x 0 para o São Paulo. Antes dos trinta minutos do segundo tempo, o São Paulo já vence por 3 X 0. Relaxado em campo, o São Paulo permite que o adversário diminua a diferença, desde que não reverta o placar.

11ª derrota implacável

São Paulo 4 x 2 Corinthians

Pacaembu, 30 de agosto de 1942

Campeonato Paulista. Pela segunda vez o novo reforço do São Paulo, Leônidas da Silva, entra em campo vestindo a camisa tricolor. A torcida corintiana já está desconfiada de que seu time pagará a conta. Outra vez o povão lota o Pacaembu, convencidos de que assim podem intimidar o adversário, mas não é isto o que acontece. Nesta tarde o "São Paulo fez a barba e o cabelo", isto é, ganhou os 2 jogos contra o Corinthians, antes ganhara de 3 X 1 no jogo preliminar entre as equipes amadoras. Na partida principal, o São Paulo de Doutor, Piolim, Virgílio, Noronha, Lola, Silva, Luizinho, Waldemar de Brito, Leônidas da Silva, Remo e Pardal, verdadeira elite do futebol brasileiro, não teve a menor dificuldade para vencer o time da massa. Esta coisa do Corinthians não ter ainda hoje o seu próprio estádio talvez passe por esta forçada identidade de time popular. O Corinthians foi derrotado com Pio, Jango e Chico Preto, Pellicciari, Brandão e Dino, Jerônimo, Servilho, Teleco, Eduardinho e Hércules.

12ª derrota implacável

Corinthians 1 x 4 Palmeiras

Pacaembu, 30 de abril de 1944

Campeonato Paulista. Partida histórica. O medo antigo da torcida corintiana de sofrer mais uma goleada para o principal rival atingiu em cheio os jogadores do Corinthians. No segundo tempo, principalmente, a bola parecia queimar o pé dos jogadores alvinegros, que não conseguiam trocar três passes seguidos. O Palmeiras, que já era dono da partida, se fez senhor absoluto, dando uma aula de futebol. O campeonato ainda estava longe de seu final, mas o time corintiano se portou em campo como se já soubesse que seu adversário estava destinado a ser mais uma vez campeão. Desta forma, time e torcida pareciam convencidos que, naquela tarde, contra o Palmeiras, o Corinthians seria mais uma vez coadjuvante. Como sempre, o rival se mostrara implacável.

13ª derrota implacável

São Paulo 4 x 0 Corinthians

Pacaembu, 15 de outubro de 1944

Campeonato Paulista. O São Paulo é o atual campeão paulista. Os corintianos começam a pressentir que a vida será ainda mais difícil daqui para frente. O time que gostariam de ver engessado como o time da pequena elite se transformara num baita timaço de provocar arrepios. O povão lota o Pacaembu novamente, não se sabe bem por que, pois o São Paulo com King, Piolim, Virgílio, Rui, Zarzur, Noronha, Luizinho, Sastre, Leônidas, Remo e Pardal não tem como perder para um Corinthians de Domingos da Guia e mais dez. Logo de início o São Paulo toma conta do jogo, colocando os jogadores do Corinthians na roda. Longos minutos se passavam sem que os jogadores corintianos tocassem na bola. Estava nascendo neste exato momento o tão famoso *bobinho*. Os dez jogadores do Corinthians, pressionados, corriam muito atrás da bola, mas esta teimava em permanecer nos pés dos são-paulinos que, sem pressa, trocavam passes como queriam, fazendo com que os gols fossem saindo aos poucos, um mais bonito do que o outro; arremates de uma linha de passes genial. Pardal, ponta veloz de chute muito forte, fez gato e sapato da defesa corintiana nesta tarde, marcando 3 gols, sofrendo ainda o pênalti do quarto gol. Sentindo-se arrasado em campo, o time do Corinthians deixou o gramado ainda mais cabisbaixo do que sua torcida. O time do Corinthians não tinha como ganhar, mas protagonizou o surgimento da famosa *roda de bobinho*, que logo se disseminou por todo território nacional, onde três ou mais moleques se reuniam em torno de uma bola. O Corinthians, que propiciou para o futebol mundial o surgimento do antológico *bobinho*, jogou com Rato, Domingos da Guia e Begliomini; Jango, Hélio e Palmer; Jerônimo, Servilho, César, Nino e Hércules.

14ª derrota implacável

São Paulo 5 x 1 Corinthians

Pacaembu, 1º de janeiro de 1946

Taça Cidade de São Paulo. O Brasil está em festa, festa democrática, festa dos que se livraram das torturas, festa para aqueles que sabem o verdadeiro valor da liberdade. O Estado de Direito está de volta e com ele a esperança de dias melhores. Neste jogo, a torcida corintiana abandona o estádio antes do final da partida, envergonhada e indignada com o seu time. A famosa linha do São Paulo, com Rui, Noronha e Bauer, que marcou época, nem estava em campo, mas isto não impediu uma inesquecível goleada tricolor. Os jogadores corintianos mal tocaram na bola, novamente a equipe são-paulina os colocara na roda e isto já estava se tornando um hábito. A massa, que quase tudo suportava, não tinha como aceitar tamanha humilhação, o Corinthians virara freguês do São Paulo. Era insuportável admitir que nesta década o São Paulo, recém-criado, já tinha mais títulos do que o Corinthians. Justo o São Paulo, ridicularizado pela contratação de Leônidas da Silva; justo o São Paulo, time de elite; justo o São Paulo, time sem tradição. O abandono do time neste primeiro dia do ano não poderia ser mais irônico. O São Paulo fez o que quis em campo. O Corinthians jogou com Arlindo, Ariovaldo e Rubens; Hélio (Aleixo), Brandão e Palmer; Cláudio, Ruy (Raul (Tino)), Maracai, Servilho e Válter.

15ª derrota implacável

Portuguesa Santista 3 x 0 Corinthians

Ulrico Mursa, 04 de setembro de 1949

Campeonato Paulista. Neste campeonato o Corinthians foi novamente o saco de pancada de todos e a alegria dos pequenos. Nesta partida contra a Briosa não foi diferente. O placar elástico foi injusto, a Briosa merecia ter vencido pelo menos por 7 X 0. As torcidas dos dois times saíram convencidas que o árbitro confundiu as Portuguesas, favorecendo o time corintiano em pelo menos quatro penalidades não assinaladas em favor da Portuguesa. O time corintiano, mais uma vez, mostrou-se feliz ao final da partida com a modesta goleada sofrida na baixada santista, pois estava acostumado a levar surras bem maiores. Os jogadores da Portuguesa saíram inconformados com as inúmeras chances de gol perdidas e com a atuação tendenciosa do árbitro, que deixou de assinalar pelo menos

3 pênaltis claros contra o Corinthians. A Portuguesa jogou com Andu; Guilherme e Pavão; Olegário, Enzo e Antero; Barbosinha, Zinho, Bota, Moacir e Rubens. O Corinthians foi um desastre em campo com Bino, Belacosa e Norival; Hélio, Touquinha e Belfare; Cláudio, Edélcio, Baltazar, Luizinho e Nelsinho.

16ª derrota implacável

Flamengo 6 x 2 Corinthians

São Januário, 22 de dezembro de 1949

Torneio Rio–São Paulo. Esta partida ocorreu no Estádio do Vasco da Gama no final de 1949, mas já era válida para o Torneio Rio-São Paulo de 50. O Flamengo entrou em campo disposto a presentear sua torcida com o futebol competitivo dos últimos tempos. A torcida reservou para a partida uma nova coreografia, saudando a equipe paulista com sua famosa charanga, tocando a inédita marchinha "Café com Leite". Foi uma festa. Em campo, os jogadores do Corinthians dançavam procurando a bola ao ritmo da provocativa marchinha, mas a bola teimava em não parar em seus pés. Na arquibancada, a torcida flamenguista se divertia com a "dança do café com leite", que acabara de apresentar ao Brasil. No final, o placar mostrou-se justo com o que fora a partida. Mas o Corinthians saiu do Rio de Janeiro duplamente satisfeito, pois levava para São Paulo meia dúzia de gols e uma nova marchinha em sua homenagem. O time corintiano jogou com Bino; Newton e Belfare; Idário, Touquinha e

Hélio; Cláudio, Luizinho, Baltazar, Nelsinho (Edélcio) e Noronha. O Flamengo fez o time dançar com Garcia; Juvenal, Newton, Biguá, Bria (Jaime), Valter, Cidinho, Zizinho, Gringo (Beto), Durval e Esquerdinha.

17ª derrota implacável

Palmeiras 3 x 1 Corinthians

Pacaembu, 11 de abril de 1951

Torneio Rio–São Paulo. Segundo jogo da final, consagrando o Palmeiras como campeão absoluto. No primeiro jogo da final, o time do Palmeiras já havia deixado claro quem era o campeão. Mesmo somando o placar dos 2 jogos das finais, 3 X 2 e 3 X 1 para o Palmeiras, ainda assim os números seriam insuficientes para mostrar a superioridade do time palmeirense. Se não fossem outros interesses em torno do futebol, não haveria necessidade alguma da segunda partida. O time do Palmeiras, mais uma vez, mostrou-se superior. O sofrimento de véspera se confirmara, Palmeiras outra vez campeão em cima do Corinthians.

18ª
derrota implacável

Portuguesa 7 x 3 Corinthians

Pacaembu, 25 de novembro de 1951

Campeonato Paulista. Segundo turno, reta final do campeonato, o Corinthians segue firme em primeiro lugar. A torcida não tem do que reclamar, o time abriu vários pontos do segundo colocado e atual campeão – o Palmeiras. A Portuguesa vem para a partida com o que tem de melhor. No primeiro turno dera empate, 3 X 3. A linha de frente da Lusa é o ataque titular da seleção paulista. O time do Corinthians parece ter se esquecido de quem enfrentaria neste domingo. No final do primeiro tempo já está 3 X 1 para a Portuguesa. O time do Corinthians não se convence da superioridade do adversário, prefere se iludir com a colocação que ocupa na tabela de classificação, não se dando conta de que águas subterrâneas também movem o moinho. Assim, o time do Corinthians inicia a etapa final partindo para cima da Portuguesa, numa infantilidade de causar pena. Logo a Portuguesa faz 4 X 1 com Nininho. Carbone desconta duas vezes, mas Julinho marca 3 belos gols antes do apito final, fechando uma goleada histórica. A torcida corintiana, incapaz de permanecer imune às atrapalhadas da equipe em campo, resolve responsabilizar Gilmar do Santos Neves pelo desastre da equipe na rodada. A diretoria corintiana, que sempre fez questão de respeitar a equipe técnica, defendendo sua autonomia frente à fúria fundamentalista de sua torcida, desta vez não fez diferente, afastando o jovem goleiro por quase seis meses.

Anos depois, já consagrado como um dos maiores goleiros brasileiros de todas as épocas, Gilmar seria novamente responsabilizado por um desastre corintiano. Desta vez a diretoria do Corinthians, com o apoio da sábia e fiel torcida, o espana definitivamente, colocando-o quase que de graça no fantástico time santista. Neste time Gilmar conheceria glórias ainda hoje não vividas pelo Corinthians. Nesta tarde, a Portuguesa de Desportes humilhou o Corinthians com Muca, Nena e Noronha; Santos, Brandãozinho e Ceci; Julinho, Renato, Nininho, Pinga e Simão. O Corinthians, que jogava muito menos do que imaginava, foi goleado com Gilmar, Murilo e Alfredo; Idário, Touquinha e Julião; Claudio, Luizinho, Baltazar, Carbone e Mário.

19ª derrota implacável

São Paulo 3 x 1 Corinthians

Pacaembu, 31 de janeiro de 1954

Campeonato Paulista. Nesta partida o São Paulo entra em campo com a faixa de campeão paulista de 1953. Trata-se ainda do campeonato do ano anterior, com o São Paulo já campeão com 2 rodadas de antecedência. O Corinthians é figurante; muito embora, parte de sua torcida tenha comparecido ao estádio, primeiro por não se importar com os vexames do time, segundo porque prefere se apegar ao aspecto imprevisível do futebol. Mas tudo que puderam ver em campo foi um desfile do renovado time são-paulino, que encontrou o adversário ideal para uma aula de futebol; um presente dos jogadores para a torcida, num dia de festa tricolor. Desde este jogo, um grupo de experientes pesquisadores inicia estudos para isolar e entender um componente masoquista no comportamento da torcida corintiana. Afinal de contas, o que um grupo de corintianos foi fazer na festa do título do São Paulo? Era visível a inferioridade do time do Corinthians, e a crônica esportiva paulista recorria a Nelson Rodrigues para entender este comportamento. Como se não bastasse, os aspirantes do São Paulo também venceram por 5 x 2. O São Paulo desfilou em campo com Poy, De Sordi e Mauro; Pé de Valsa, Bauer e Alfredo; Maurinho, Albella, Gino, Negri e Teixerinha. O Corinthians não jogou nada com Cabeção, Murilo e Diogo; Clóvis, Goiano e Roberto; Souzinha, Cláudio, Guerra, Luizinho e Simão.

20ª derrota implacável

Corinthians 1 x 4 Santos

Parque São Jorge, 30 de janeiro de 1955

Campeonato Paulista. O Santos seria campeão paulista neste ano de 1955, mas esta partida fazia parte da penúltima rodada do campeonato do ano anterior, que ainda não havia terminado. O Corinthians entra em campo precisando apenas de um empate para colocar a faixa de campeão. O Corinthians joga em casa, diante de sua torcida, mas do outro lado se encontra uma equipe de muito brio, composta por jogadores inteligentes e sensíveis, que sabem do fascínio que o time exerce sobre a torcida adversária. Combinando técnica e sabedoria, a equipe santista deixa claro desde o início da partida, que os jogadores corintianos precisarão de muito mais do que vontade para colocar as faixas guardadas junto ao roupeiro no banco de reservas. Antes do intervalo, a torcida do Corinthians já se convencia de que não seria desta vez que o seu time sairia de campo campeão. Final de jogo, o time da baixada, mais do que uma goleada, havia dado outra aula de futebol para um time prestes a se tornar campeão. A torcida corintiana não fica triste, mais uma vez pôde encher os olhos com o time do Santos.

21ª derrota implacável

Santos 2 x 1 Corinthians

Vila Belmiro, 29 de dezembro de 1956

Campeonato Paulista. Última rodada. Vila Belmiro lotada. Quando as duas equipes se postaram em campo para dar início ao jogo, tínhamos de um dos lados um grupo de jogadores experientes, aparentemente tranquilos com o resultado da partida, pois tinham consciência que a exigente torcida corintiana já reconhecera a grandeza da equipe santista. Do outro lado, esperavam ansiosos pelo início da partida um grupo de jovens jogadores, confiantes do seu talento, sedentos de glórias e dispostos a buscá-las onde estivesse. Começava a se formar neste momento o maior time de todos os tempos. Alguns minutos de bola rolando são suficientes para convencer a todos os presentes que a partida já está definida e que o Santos será bicampeão paulista. O jovem time do Santos conduziu a partida como bem quis, dosando as energias e fazendo o mínimo necessário para vencer o jogo. Mais uma vez a torcida corintiana, com seu time fora da disputa do título, se deliciou com o que via em campo. A habilidade dos jogadores santistas é assustadora. Muitos começam a imaginar do que não seriam capazes esses jogadores dali a alguns anos, com o acúmulo de experiências e o reconhecimento do mundo. O time santista conta com mais de um craque em cada setor. É impressionante. O ataque é um dos mais espetaculares de todos os tempos. Basta dizer que o técnico Lula tinha no banco de reservas os seguintes jogadores: Zito, Vasconcelos, Pagão, Alfredinho e Sarno. A equipe titular era formada por Manga, Hélvio e Feijó; Ramiro, Formiga e Urubatão; Tite, Negri, Álvaro, Del Vecchio e Pepe. Com o apito do árbitro encerrando a partida, a arquibancada inteira aplaude o time campeão, como se uma só torcida estivesse presente.

22ª derrota implacável

São Paulo 3 x 1 Corinthians

Pacaembu, 29 de dezembro de 1957

Campeonato Paulista. O Corinthians veio para esta partida certo que ganharia no grito, como costumava fazer em outras épocas, mas não foi isto o que aconteceu. O São Paulo venceu como verdadeiro campeão, enquanto à torcida adversária só restou arremessar garrafas em campo. Mais uma vez aquele time da elite, como diziam os corintianos, se impôs em campo, sem dar a mínima chance para um Corinthians desesperado, que já dava sinais de ter perdido a esportiva antes mesmo de a partida começar. A presença de mestre Ziza em campo, vestindo a camisa tricolor, deixava o time do Corinthians desconfortável. O São Paulo venceu com a elegância de Zizinho, desfilando em campo tudo o que parecia faltar ao adversário: domínio técnico, rigor tático, preparo físico, dribles desconcertantes e motivação para vencer. Foi um show do time tricolor contra o desamparo de um time há muito derrotado. Diante do vexame, a torcida corintiana, com o equilíbrio que lhe é peculiar, começa a lançar garrafas para dentro do campo, dando mostras de um destempero que surpreendeu a todos. O Pacaembu viu o Corinthians perder mais um jogo decisivo, desta vez jogando com Gilmar, Olavo e Oreco; Idário, Valmir e Benedito; Cláudio, Luizinho, Índio, Rafael e Zague. O São Paulo sagrou-se campeão com Poy, De Sordi e Mauro; Sarará, Vitor e Riberto; Maurinho, Amauri, Gino, Zizinho e Canhoteiro.

23ª derrota implacável

Palmeiras 4 x 0 Corinthians

Pacaembu, 21 de agosto de 1958

Esta arrasadora vitória do Palmeiras sobre o Corinthians jamais poderá ser esquecida. Repetindo um dos maiores feitos da história militar, a equipe palmeirense deu uma aula de como vencer impiedosamente o adversário que se recusa a curvar-se, combinando três dos mais nobres domínios humanos: a estratégia, a técnica e a coragem. Nesta noite, diante do adversário, a equipe alviverde era simplesmente invencível. Muitos torcedores encontraram naquela partida a aula de história que sempre desejaram. O time do Palmeiras, como se comandado pelo inexpugnável Aníbal, enxergava na figura de seu goleiro o seu homônimo mítico, o temível general cartaginês que venceu os romanos e conquistou o Norte da Itália, depois de atravessar os Pirineus e os Alpes à frente de um exército de tamanha força e vontade, que nada e ninguém poderiam detê-los. O time do Corinthians não acreditava no que estava vendo, assim como os romanos demoraram a acreditar que aquele inimigo que os esmagava tinha em suas fileiras homens e elefantes lutando de tal forma que pareciam um só. O Palmeiras parou nos 4 X 0 porque o time corintiano jogou a toalha.

24ª derrota implacável

Santos 6 x 1 Corinthians

Vila Belmiro, 07 de dezembro de 1958

Campeonato Paulista. Em terceiro lugar no campeonato, mas sem chances de ser campeão, o Corinthians desce a Serra tenso como um esparring preocupado em não apanhar muito. Nesta altura do campeonato, o Santos já é antecipadamente aclamado pela crônica esportiva e pelo público em geral como o campeão paulista deste ano. Era a penúltima rodada do campeonato, matematicamente o campeonato estava aberto, mas o time do Santos era superior a qualquer outro time que já existira. Antes de o jogo começar, Pelé já tinha feito 50 gols no campeonato. Pepe era o vice-artilheiro com 27 gols. O ataque santista já havia feito exatos 130 gols neste campeonato. Chegaria a inacreditáveis 143 gols, com um saldo de 103. Se não fosse pelo futebol-arte, expressão criada justamente para representar o futebol jogado por este time, poderíamos dizer que o Santos era uma máquina de jogar futebol. Diante destes números, o time corintiano entra em campo e pela primeira vez a torcida corintiana não se manifesta. Começa o espetáculo. A bola parece cúmplice do time santista, fazendo exatamente o que desejam os seus jogadores. Com 30 minutos de jogo, Santos 3 X 1, com 3 gols de Pelé. Não há muito que dizer, os números são muito expressivos. Pelé está muito próximo de conquistar seu primeiro título paulista. Não há ser humano que possa contê-lo nesta partida. O torcedor corintiano prefere aplaudir a vaiar as jogadas do time adversário. Os jogadores santistas retribuem, com o talento que Deus lhes deu. Os jogadores corintianos dão o sangue, mas sua torcida só tem olhos para o ataque que completaria, ao final da partida, 136 gols no campeonato.

25ª derrota implacável

Fluminense 5 x 1 Corinthians

Maracanã, 15 de abril de 1959

Torneio Rio–São Paulo. Neste ano, o Fluminense venceu apenas 2 partidas neste torneio. Ambas contra times de São Paulo. Mas a goleada contra o Corinthians representou a vitória da nobreza anfitriã sobre o visitante. O Corinthians chegou ao Rio de Janeiro interessado em se informar apenas sobre as belezas naturais da cidade, demonstrando certo desprezo pelas notícias recentes vindas das Laranjeiras. A má campanha tricolor no torneio fez com que os jogadores corintianos dessem pouca importância à partida, considerando a conquista como certa. Triste engano. O Fluminense que entrou em campo jogava por música, seu desinteresse pelo torneio não permitia ao adversário inteligente entender que estava derrotado. Mas o Corinthians cometeu tal temeridade, imaginando que o adversário estava entregue. Mal começa a partida, o Fluminense abre o placar com Breno. Era pouco para afastar a soberba dos visitantes. Sete minutos depois, Telê faz 2 X 0. A soberba ainda resiste, o time continua dando aquele toquinho a mais, procurando a jogada de efeito. Aos vinte e oito minutos, o Fluminense marca seu terceiro gol com Valdo. Era tarde para qualquer reação. O gol de Índio não significa absolutamente nada. O Fluminense tem o jogo em suas mãos, joga com elegância e nobreza, evitando diminuir os jogadores corintianos com brincadeiras indelicadas, mesmo deixando-os minutos seguidos sem tocar na bola. O Corinthians faz o papel de bobinho em pleno Maracanã. O segundo tempo começa, em 7 minutos o Fluminense marca mais 2 gols, o quarto com Escurinho e o quinto com Valdo novamente. A nobreza anfitriã faz com que a equipe carioca diminua o ritmo, seus jogadores preferem deixar que a bola corra, poupando-se para os próximos compromissos do campeonato estadual. Foi uma vitória com algo mais; para alguns, uma lição de boas maneiras. O Fluminense, de Zezé Moreira, desfilou sua classe com Castilho; Jair Marinho e Pinheiro; Edmilson, Clóvis e Altair; Maurinho, Telê Santana, Waldo, Breno e Escurinho. O Corinthians tomou uma lição com Gilmar; Olavo e Alfredo; Idário (Goiano), Walmir e Roberto; Joãozinho (Oreco), Luizinho, Índio, Paulo (Zague) e Tite. Técnico: Cláudio.

26ª derrota implacável

Noroeste 6 x 3 Corinthians

Dr. Alfredo de Castilho, 29 de novembro de 1959

Campeonato Paulista. O time do Noroeste de 1959 era uma equipe mediana, inferior a outros times montados pelo tradicional clube paulista, mas foi capaz de impor uma humilhante goleada ao Corinthians em Bauru. A torcida corintiana no estádio, proveniente de mais de 40 cidades da região, mostrou-se tão intolerante com o atual time do Corinthians que lembrou, nas ofensas e ameaças aos jogadores, sua correlata paulistana nas arquibancadas do Pacaembu. Neste aspecto, os jogadores corintianos sentiram-se em casa, deixando o campo ao som dos palavrões de sempre. Mal poderiam imaginar àquela altura que este comportamento de intolerância iria durar ainda quase 18 anos de fila. Para essa torcida, nos anos de fila, toda derrota seria vergonhosa, a falta de raça seria sempre a verdadeira causa da derrota e desonra para com a camisa alvinegra. Nestas partidas, entre seus jogadores, sempre existiria um mercenário, um chinelinho, um corpo mole a ser extirpado do time. Foi com esse sentimento que parte da torcida corintiana renegou seus ídolos, perseguiu seus craques, desestabilizou muitos jogadores que não puderam viver no Corinthians o sucesso que alcançaram em outras equipes. Como esta, foram muitas as vitórias implacáveis do Noroeste sobre o Corinthians. Ainda neste mesmo ano, o Corinthians não conseguira vencer no Campeonato Paulista uma fieira extensa de times do interior, sendo derrotado por Taubaté, XV de Piracicaba, Comercial e Ferroviária. Além dessas, sofreu outras derrotas implacáveis no Rio–São Paulo, tomando de 5 do Fluminense e do Flamengo. Mas neste domingo de muito calor, a cidade de Bauru só não testemunhou uma derrota corintiana ainda mais vergonhosa porque o árbitro contemporizou como se estivesse a punir o time da casa pelo calor infernal em campo. O Noroeste se impôs com Julião; Pedro, Geraldo e Vila; Fernando e Gaspar; Batista, Ranulfo, Gomes, Maneca e Gelson. O Corinthians se curvou com Gilmar; Valmir e Olavo; Ari Clemente, Roberto e Oreco; Bataglia, Joaquinzinho, Felício, Rafael e Zague.

27ª derrota implacável

São Paulo 4 x 1 Corinthians

Pacaembu, 23 de novembro de 1960

Campeonato Paulista. O Corinthians entra em campo com algumas chances matemáticas de vencer o campeonato. Mas este era o sexto ano de fila, a torcida já vinha perdendo a paciência com o time, expondo sua discutível fidelidade. O São Paulo, que neste ano já havia dado adeus ao título, entra em campo despreocupado, solto, livre de qualquer pressão da torcida, disposto apenas a mostrar-se superior ao adversário. Do lado são-paulino os destaques eram Dino Sani e Gino; no time corintiano os destaques eram Cabeção, no gol, e Luisinho, na tijolada. Mas não eram armas para intimidar o time tricolor. Definindo o resultado da partida logo no primeiro tempo, o São Paulo se concentrou em jogar futebol; limitando-se o Corinthians a buscar a bola dentro do seu gol. Impaciente e intolerante com o próprio time, a torcida corintiana deixou o estádio antes de o jogo terminar. Só não era uma torcida como outra qualquer porque aprendera a perder como nenhuma outra. Do outro lado do campo, a torcida do São Paulo se divertia com a infidelidade da torcida adversária.

28ª
derrota implacável

Santos 6 x 1 Corinthians

Pacaembu, 30 de novembro de 1960

Campeonato Paulista. O grande tabu: há mais de 3 anos o Corinthians não vence o Santos. Desta vez a torcida corintiana não precisará se deslocar tanto para ver o Santos de Pelé jogar, a partida será no Pacaembu. Os jogadores santistas sobem a serra convictos da vitória. Na cidade é difícil encontrar banqueiro que aceite apostas contra o Santos; no máximo a banca aceita apostas quanto ao placar da partida. O dia amanhece alegre, com os jornais antecipando em suas manchetes o massacre santista de logo mais. Jogadores e torcedores corintianos parecem não se incomodar com o pré-julgamento. Chegam a concordar que não há como vencer a equipe adversária; ainda não. Então por que tamanha procura por ingressos entre os corintianos? Por que essa torcida briga para ir ao jogo, se não ousa apostar no seu time, mesmo com 2 ou 3 gols de lambuja? Por quê?, pergunta Nelson Rodrigues lá do Rio de Janeiro. Só há duas respostas possíveis: masoquismo ou admiração. Pelé novamente é o artilheiro disparado do campeonato. Casa lotada. Começa o jogo. Dorval, Mengálvio, Pelé, Coutinho e Pepe estão em campo. O ataque demolidor do Santos continua implacável. O Corinthians não tem chances. Cada gol é uma pintura. O ingresso, mesmo em bolso corintiano, vale cada centavo. Todos estão mais do que satisfeitos com o espetáculo. Alguém grita: no fundo da alma o corinthiano é santista! Ninguém protesta.

29ª derrota implacável

Portuguesa 7 x 0 Corinthians

Pacaembu, 15 de novembro de 1961

Campeonato Paulista. Este foi o chamado jogo da desforra. Depois de muito esperar, chegou o dia em que a Portuguesa de Desportos poderia enfrentar o Corinthians sem precisar lutar também com a arbitragem. A equipe lusa logo percebeu que não poderia desperdiçar essa raríssima oportunidade, impondo-se em campo sem se importar com o adversário e sem se preocupar com o árbitro. A torcida corintiana, mal acostumada, logo percebeu também que o árbitro não estava no bolso; preocupando-se com o resultado da partida. Desta vez, o constrangimento com o resultado tomou conta da torcida corintiana, impedindo que o Pacaembu fosse atingido mais uma vez por uma chuva de garrafas. Humilhado e exposto em sua fragilidade, o time corintiano aceitou o resultado, deixando rapidamente o estádio. A explicação para um placar tão elevado se encontra na ausência do 12º jogador, fato que convenceu definitivamente a torcida corintiana de que para o Corinthians a presença em campo do 12º jogador é imprescindível para manter a competitividade.

30ª derrota implacável

Santos 5 x 2 Corinthians

Vila Belmiro, 23 de setembro de 1962

Campeonato Paulista. O grande tabu: há mais de 5 anos o Corinthians não vence o Santos. O jogo foi na Baixada, numa Vila Belmiro lotada. Sexto ano consecutivo que Pelé é o artilheiro isolado do campeonato paulista. O Santos caminha a passos largos para o tri-campeonato. O time que logo mais entrará em campo para enfrentar o Corinthians está mais do que consagrado. O Santos viaja sem parar, é atração em qualquer lugar do mundo, mas continua vencendo todos os campeonatos e torneios dos quais participa. É um gigante que não para de se aperfeiçoar, de crescer, de buscar novos objetivos. Hoje joga em casa contra um time honesto, de homens honrados, que tem consciência da desproporção entre as duas equipes. Os jogadores corintianos sabem que não se pode superar um adversário como o Santos apenas com a vontade. O Corinthians respeita o Santos há muitos anos. Sua torcida nada cobra neste sentido. Há uma catarse às avessas aqui; difícil de explicar. Algumas explicações de ortodoxia discutível têm se oferecido em conversas, artigos e palestras mais reservadas. Falam que o autoritarismo e a intolerância dos pais corintianos, que não admitem que seus filhos torçam por outras equipes, é eficaz em relação a todas as outras equipes do futebol brasileiro, com uma única exceção, o Santos Futebol Clube. A superioridade técnica da equipe santista, aliada a uma indisfarçável atração estética pelo adversário, faz com que o corintiano se dirija ao local do jogo disposto a assistir uma grande partida de futebol, satisfazendo-se com o prazer proporcionado pela beleza das jogadas, pela habilidade do craque, pelo imprevisível do lance. Quando o seu time enfrenta o Santos, o torcedor corintiano mostra-se mais flexível com o time adversário, a taxa de fanatismo cai significativamente e o resultado da partida favorável ao adversário é aceito com naturalidade. Um vídeo lançado há alguns anos sobre a genialidade de Pelé, encontrou nos torcedores corintianos o seu principal público consumidor. Vencer o Corinthians por anos seguidos com seu melhor futebol, fez do Santos e de Pelé presenças centrais na construção da identidade corintiana. O fato de Pelé ter feito misérias contra o Corinthians, reservando sempre um lance de genialidade para cada partida, só demonstra uma deferência especial para uma "torcida adversária", que sempre reconheceu seu brilhantismo e o aplaudiu. Pelé retribuiu o carinho dos corintianos com o que tinha de melhor, sua arte em ato puro. Tudo o que o Santos e Pelé fizeram em campo contra o Corinthians, importa no sentido em que ajudou também a engrandecer o Corinthians, que sempre soube se levantar com a dignidade que o esporte sempre buscou. Enfim, o afeto mútuo nasceu do deferimento de um pelo outro. E o afeto é condição e corolário do prazer. Mas vamos à partida. Os dois times entraram em campo com o que tinham de melhor. É primavera. A brisa amena, o sol procurando o horizonte já não ofusca os goleiros, a luz insinuante em todo o gramado realça o contraste entre o tapete verde e o branco dos uniformes, o palco está devidamente preparado para o espetáculo que se inicia com o apito do árbitro. O Corinthians soube perder com Aldo, Augusto, Eduardo e Ari Clemente; Cássio e Oreco; Bataglia, Silva, Nei, Rafael e Ferreirinha. O fantástico Santos jogou com Laércio; Dalmo, Mauro e Zé Carlos; Calvet e Zito; Dorval, Lima, Coutinho, Pelé e Pepe.

31ª
derrota implacável

XV de Piracicaba 2 x 1 Corinthians

Estádio da Rua Regente Feijó, 24 de novembro de 1963

Campeonato Paulista. O time piracicabano mostrou-se ao longo do campeonato superior ao time do Corinthians. Mesmo assim, a renda da partida ficou muito aquém do esperado. A torcida corintiana no interior de São Paulo não suportava mais tantas humilhações. Neste campeonato, o Corinthians já havia apanhado feio do Comercial duas vezes, do Botafogo, da Esportiva de Guaratinguetá, da Portuguesa e do Noroeste; sendo que não conseguira passar pelo Jabaquara, Prudentina, Juventus e Ferroviária. Além disto, ainda seria goleado pelo Guarani e pelo Palmeiras. O placar da partida não traduz o que foi este jogo com o XV de Piracicaba. O time corintiano pisou no gramado e ouviu apenas as vaias dos torcedores piracicabanos, sua própria torcida o recebeu com indiferente silêncio, com uma frieza assustadora. Os jogadores, na sua maioria, abaixaram a cabeça. Era um mau sinal. O conatus do time estava muito fraco, os jogadores demonstravam não saber de onde tirar forças. O Corinthians vinha de uma série de insucessos, colecionando derrotas e empates em número muito maior do que seus principais adversários. A partida traduziria o que fora o Corinthians no campeonato. Mal o árbitro Carlos Drummond da Costa dá início à partida, já fica evidente que o XV de Novembro tem o melhor time em campo. O domínio da equipe piracicabana é imediato, reduzindo o gramado ao campo de jogo do Corinthians. A torcida local não descansa um segundo, eufórica com o desempenho do time, não se dando conta de que só a inferioridade do adversário poderia explicar o desempenho do seu time. No primeiro tempo, o XV só não abre 4 ou 5 gols à frente porque o goleiro corintiano praticou verdadeiros milagres. Foi um massacre. Nesta tarde ficou provado mais uma vez que o intervalo num jogo de futebol tem uma importância épica fenomenal, mudando completamente a história de uma partida. Foi o que aconteceu. O Corinthians volta do intervalo com um pingo homeopático de coragem, o suficiente para atravessar sua metade do campo e achar um golzinho, com Amaro, logo no início do segundo tempo. Foi o suficiente para reposicionar o time do XV em campo, que a partir deste gol preferiu manter o time corintiano na roda a arriscar-se no ataque. O XV de Piracicaba jogou com Nino; Orlando Maia, Ditão e Cardinalli; Maneca e Dorival; Osvaldinho, Ladeira, Nilo, Valter e Varner. Para esta partida o Corinthians colocou em campo Henrique (Aldo), Neco, Eduardo e Clóvis; Amaro e Cláudio; Davi, Manoelzinho, Silva, Bazani e Lima. O técnico era Armando Del Debbio.

32ª derrota implacável

Guarani 4 x 1 Corinthians

Brinco de Ouro, 01 de dezembro de 1963

Campeonato Paulista. O Corinthians vinha caindo pela tabela, a ameaça de rebaixamento só não assustava muito porque nos bastidores o time continuava forte. Mas a vergonha da torcida, a cada partida, só fazia crescer. O time parecia um "catado" entre os reservas da várzea paulistana. Não havia nada que o salvasse. Não havia padrão de jogo, não havia vontade de ganhar, não havia técnico. Apenas Freitas Solich aceitara o convite para dirigir o time, mas pouco aguentou. Rato, o quebra-galho de plantão, e Del Debbio, o de ocasião, assumiram o time sabendo que a preocupação era uma só: evitar goleadas históricas. Fracassaram. Nesta partida, a sorte do Corinthians foi a tabela do campeonato. Como a próxima partida do Guarani seria contra o Comercial, tradicional rival interiorano, os jogadores bugrinos resolveram tirar o pé do acelerador no segundo tempo, apenas tocando a bola para fazer o tempo passar. Vencer o Corinthians neste campeonato era obrigação. Algumas vezes, quase covardia.

33ª derrota implacável

Palmeiras 5 x 2 Corinthians

Pacaembu, 04 de dezembro de 1963

Campeonato Paulista. Noite de quarta-feira, calor infernal, greves e manifestações por todo lado, transporte ruim, política e carestia na primeira página dos jornais, na arquibancada estudantes, operários e funcionários públicos se misturam, não importa a escolaridade, fazem parte de uma mesma seita, cujo dogma é aceitar a dor e acreditar na vitória, não importa a estatística, a retrospectiva, a história, as ciências das patologias, a escalação, os outros times. A força que move a todos é só uma:

gritar, gritar, gritar o mais alto que puder o nome do seu time. As equipes entram em campo, o Palmeiras precisa da vitória, está próximo da conquista de mais um título. O Corinthians, mais uma vez, não tem chance. Será apenas mais um ano na fila. Começa a partida, 30 minutos de jogo, 3 X 0 para o Palmeiras. De um lado da arquibancada, festa; do outro, um silêncio ritual. Intervalo da partida, o gol de Lima no final do primeiro tempo pareceu entorpecer a torcida corintiana, aqueles que estavam em silêncio agora gritam. Segundo tempo, Vavá está realmente diabólico, logo faz 4 X 1, Julinho faz 5 X 1, o silêncio novamente toma conta do outro lado da arquibancada. Dá pena, mesmo sabendo que eles dão um sabor especial ao campeonato e às vitórias das outras equipes que vão se alternando na conquista dos títulos. Final de jogo, uma multidão colorida faz festa pelas ruas íngremes da zona oeste; na direção contrária, a caminho da zona leste, uma outra multidão caminha cabisbaixa, quase em luto, num silêncio cúmplice com a cidade, já acostumada a tal tristeza de uma parte de sua gente.

34ª derrota implacável

Palmeiras 4 x 1 Corinthians

Pacaembu, 29 de novembro de 1964

Campeonato Paulista. Final de primavera com ares de verão. No poder, os militares. A Constituição Brasileira, talvez a mais democrática de todas, estava rasgada novamente. O poder das armas de fogo se sobrepôs à força dos argumentos. O Brasil vive mais uma vez sob as nuvens pesadas do arbítrio, o estado de direito está novamente em estado de latência. A chama da vida se apaga em muitas de nossas instituições; o futebol resiste. Tornou-se paixão, tem a rigidez do aço, resiste à quase tudo. Há uma falsa sensação de segurança nas ruas. O transporte público parece funcionar melhor, sem maiores sobressaltos. É domingo de sol, o Estádio do Pacaembu está cheio, dividido meio a meio entre duas torcidas rivais. A disputa se limita ao campo de jogo. Nos últimos 10 anos o Corinthians é figurante, nos campeonatos que disputou, não ganhou nada. O Palmeiras, no mesmo período, ganhou dois Campeonatos Paulistas e uma Taça Brasil. Com o resultado desta partida, o Corinthians está novamente fora da disputa do título; é só tempero para a feijoada dos outros.

35ª derrota implacável

Corinthians 4 x 7 Santos

Pacaembu, 06 de dezembro de 1964

Campeonato Paulista. O grande tabu: há mais de 7 anos o Corinthians não vence o Santos. Mais um domingo especial para santistas e corintianos. Para o Santos o jogo era decisivo, se vencesse seria campeão por antecipação. Para o Corinthians o título continuava um sonho impossível. Há exatos 10 anos a torcida corintiana não comemorava um título. A fila andava rápido e aumentava para desespero dos corintianos. O repertório de piadas e brincadeiras com os corintianos parecia inesgotável. A cada ano a mais de fila, triplicava o número de novos torcedores santistas; a maioria, filhos de corintianos. Tornou-se algo incontrolável, o autoritarismo dos pais sobre seus filhos já não podia reverter a paixão espontânea, fruto da admiração e do bom gosto de milhares de crianças que preferiam enfrentar a revolta paterna a abandonar o prazer de um amor correspondido. Outros pais continuavam divididos, não expressando em público o que traziam no coração. Era inteligente, bonito, elegante, saudável torcer pelo Santos. O fanatismo não era suficiente para suplantar o amor aos filhos. Melhor ainda, os pais corintianos, que já se arrepiavam com as tabelinhas Pelé–Coutinho, dispunham agora de um álibi para assistirem todos os jogos do Santos, a "incontornável" necessidade de acompanharem seus filhos aos estádios. Nesta partida, o primeiro tempo terminou empatado, 2 X 2. No segundo tempo o Santos venceu por 5 X 2. Pelé, com a atenção e carinho de sempre com os corintianos, fez 4; Coutinho com a mesma nobreza fez 3. O show desta tarde agradara novamente a todos, indistintamente. Conforme os gols santistas iam saindo, dirigentes e membros da comissão técnica do Corinthians riam conformados, conscientes que enfrentavam um time do outro mundo. O Santos saiu de campo campeão, colocando mais uma vez o Corinthians nas fotos e nos textos que registrariam mais um grande feito da equipe bicampeã mundial.

36ª
derrota implacável

Corinthians 1 x 2 Palmeiras

Pacaembu, 20 de março de 1966

Torneio Rio–São Paulo. Nas últimas 10 rodadas, o Corinthians ganhara apenas uma partida, o Palmeiras sete. O Corinthians entrou em campo carregando muita coisa, 11 anos de fila, a desconfiança da própria torcida, 3 anos sem vencer o adversário e, o mais pesado dos fardos, a vergonha de ter abandonado o campo no último jogo, em protesto contra os acréscimos dados pelo árbitro, que permitiram a vitória do adversário. O Palmeiras entra em campo com a confiança de atual campeão desse torneio, sabendo que o Corinthians tem sido o freguês de sempre e que não tem time para ameaçar a sua supremacia. As condições psicológicas de um e outro time fazem com que as diferenças técnicas entre as equipes fiquem ainda mais acentuadas. Na semana que enfrenta o Palmeiras, parte da crônica esportiva troca o nome do Corinthians para “Madureira”, de tão grande que é a diferença técnica entre as duas agremiações. Quanto à partida, pode-se dizer que o Corinthians achou um golzinho no primeiro tempo, e só. O domínio do Palmeiras foi desproporcional, em alguns momentos da partida a impressão era de que em campo tínhamos dois times de divisões diferentes. Sem poesia e sem esforço o Palmeiras simplesmente ganhou.

37ª derrota implacável

América 3 x 0 Corinthians

Estádio Mário Alves de Mendonça, 12 de novembro de 1967

Campeonato Paulista. O América vem a campo com uma formação diferente, entre os titulares começa a aparecer caras novas, jovens promessas para o ano seguinte. O Corinthians entra em campo com a equipe titular, ainda acreditando no título que não conquista há 13 anos. Isto faz de todos os seus jogos pelo campeonato paulista um momento de tensão, pois a cobrança do título vem de todos os lados e de todas as arquibancadas. Não há um único estádio no Estado de São Paulo onde a sua torcida não se faça presente, cobrando raça e competência de seus jogadores. O Corinthians treme, os adversários se beneficiam e a torcida do time local, sempre pronta para saborear mais uma derrota corintiana, se esbalda de tanta felicidade com as novas e velhas gozações que sempre surgem. O América entra em campo confiante, a arquibancada está tomada; o vermelho, o branco e o preto se mesclam em proporções semelhantes. O jogo está prestes a começar quando chega a informação de que o árbitro, Mário Alves de Mendonça, não está na gaveta nem de um nem de outro. O "cada um por si e Deus por todos!", acabara de chegar do banco de reservas. Era a senha que muitos temiam. Começa a partida e o vermelho e branco vai tomando conta do campo. O América pressiona tão intensamente que o time corintiano fica encurralado, não passando do meio do campo durante minutos seguidos. A defesa, auxiliada pelos demais jogadores, só faz espanar a bola para os lados, procurando na maioria das vezes jogá-la para fora do estádio. É preciso ganhar tempo. É a velha estratégia corintiana sendo usada mais uma vez. Aos 32 minutos da etapa inicial, Cardoso faz 1 X 0. A pressão aumenta ainda mais; inacreditavelmente. Quando o árbitro encerra o primeiro tempo, os jogadores corintianos respiram aliviados, saindo rápido para o vestiário, fingindo não escutar as provocações que vem do alambrado. Os torcedores corintianos não têm para onde fugir, reclamam a presença do sorveteiro, quando não fazem fila nos pontos de venda de cerveja. O calor é infernal, aqueles que trouxeram os filhos são castigados com as reclamações do menino boca suja, que já memorizou todos os palavrões da própria torcida contra os jogadores corintianos. Para desespero do pai, o moleque também o provoca, perguntando por que não podem torcer por outro time. O sol bate forte, não há refúgio. Os jogadores do Corinthians atrasam o reinício da partida. O menino pergunta para o pai se os jogadores do Corinthians estão com medo. O pai perde a paciência e dá um cascudo no filho, lembrando-se da mulher, bocuda, que há pouco ainda insistira para não levar o moleque. Começa o segundo tempo, o América ataca imediatamente, o Corinthians recua. Barbosinha começa a contar com a sorte, são muitas bolas que acertam a trave ou passam raspando a sua cidadela. Mas aos 16 minutos, Caraveti faz 2 X 0. A torcida corintiana entra em desespero com o time que não tem mais como recuar. O menino se arrisca mais uma vez ao perguntar ao pai por que o Corinthians não compra outros jogadores que saibam jogar no ataque. O pai já nem ouve, para a sorte do menino. Há muito o moleque também está torcendo pelo América, sob o incentivo dos torcedores americanos mais próximos. Quando o árbitro apita pênalti a favor do América, o moleque não se contém vibrando junto com toda a torcida contrária ao Corinthians. Além dos americanos, são muitos os palmeirenses, são-paulinos e santistas no estádio. De repente, antes que o pênalti fosse cobrado, cai um jogador corintiano em campo. O campo de jogo vira uma confusão, os jogadores corintianos se recusam a continuar a partida, alegando que Ditão fora atingido por um copo. A torcida contrária ao Corinthians vaia freneticamente os jogadores em campo. O moleque se delicia com tantos palavrões bem gritados, voltará para a sua rua com um repertório renovadíssimo, insuperável por muitas semanas. Sua alegria é tamanha que resolve se arriscar um pouco mais, perguntando ao pai se o time do Corinthians sempre faz isto para perder de pouco. O pai, como muitos outros pais corintianos presentes, dá um puxão no braço do moleque, arrastando-o para fora do estádio; castigando-o por mais um desastre do time. O moleque volta contente para casa, mesmo proibido pelo pai de ver a cobrança do pênalti que daria números finais à partida. O América goleou com Neuri Cordeiro, Ambrózio, Severo, Beto e Nelson Coruja; Jota Alves e Cardoso; Cabinho, Raul e Caraveti. O Corinthians escapou de uma goleada histórica com Barbosinha, Osvaldo Cunha, Ditão, Luis Carlos e Maciel; Nair e Rivelino; Marcos, Benê, Flávio e Gilson Porto.

38ª derrota implacável

Corinthians 1 x 2 Santos

Morumbi, 10 de dezembro de 1967

Campeonato Paulista. O grande tabu: há mais de 10 anos o Corinthians não vence o Santos. Últimas rodadas do campeonato, na disputa do título o São Paulo, o Corinthians e o Santos.

O Corinthians continua colecionando anos de fila, faz 13 anos que não levanta uma taça. Sem saber o que fazer, foi buscar o técnico Lula, de tantas glórias conquistadas com o Santos. Chega o grande dia para os corintianos, o dia em que descobririam que todos os seus esforços foram em vão. Mais uma vez se encontram numa partida decisiva diante do admirável Santos Futebol Clube. A escalação do time adversário, já estampada nos jornais, causa indisfarçável inveja. O Santos joga com Cláudio; Carlos Alberto, Ramos Delgado, Joel e Rildo; Clodoaldo e Buglê; Wilson, Toninho Guerreiro, Pelé e Edu. Pelé andou machucado neste campeonato, fora em muitas rodadas, mas contra o Corinthians está em campo novamente, pronto como sempre. Azar do Corinthians, sorte dos corintianos. Nenhum adversário o motivava desta maneira, nenhuma torcida adversária se encantava tanto com suas jogadas. Para muitos a torcida corintiana continuava um enigma, preso a uma pergunta que não podiam responder: como podiam admirar tanto um jogador adversário que tanto os fizera sofrer? O domingo amanhece como tantos outros domingos de dezembro, mas é um daqueles domingos especiais em que pai e filho vão juntos ao estádio torcerem cada um para seu time. Mas é com prazer que o pai pede dois ingressos, sabe no íntimo que só a felicidade do filho pode ser maior do que a sua. O filho, impiedoso, vibra com a certeza da vitória, desafia o pai naquela aposta de sempre, antecipa-se na alegria trazida pelo comentário que logo ouvirá novamente do pai: "o homem é fora de série, com ele em campo o Santos só não vence se não quiser." Para ambos o programa de domingo é completo, mesmo que saibam com antecedência quem degustará durante a semana o desprazer da gozação. Neste dia o Santos foi econômico, 2 X 1, o suficiente para manter-se na briga, mantendo o Corinthians vivo, motivado para seu próximo jogo.

39ª derrota implacável

Corinthians 1 x 4 Ferroviária

Pacaembu, 01 de junho de 1968

Campeonato Paulista. Mais uma vez o Corinthians tremeu diante da Ferroviária de Araraquara. A equipe grená sempre exerceu fascínio sobre o time do Parque São Jorge. São muitos os confrontos favoráveis à equipe araraquarense, a ponto de se sentir completamente à vontade quando joga com o Corinthians no Pacaembu. Os estudiosos do futebol paulista não costumam perder este encontro, pois sabem que enquanto o time do Corinthians é dominado no gramado, sua torcida dá vexame na arquibancada, ameaçando até a sombra dos jogadores, que um dia antes apontavam como ídolos. Ao final de mais um jogo entre essas duas equipes o placar do Pacaembu assinala 4 X 1 para a Ferroviária. "Foi pouco", disseram muitos ali presentes. Os torcedores sobem as ladeiras que iniciam o longo caminho de volta até suas residências com a respiração curta, ainda mais prejudicada pelas tragadas intensas no cigarro que não se apaga e pela lembrança recente de cada jogada do adversário, que parecia brincar em campo enquanto os jogadores de seu time pareciam aceitar a humilhação. Neste campeonato vencido pelo Santos com extrema facilidade, o Corinthians disputou palmo a palmo o vice-campeonato com a Ferroviária. Nesta partida, a jovem equipe de Araraquara não encontrou dificuldades para se impor mais uma vez. Ainda ofegantes, mas já sonhadores, os torcedores corintianos caminham agora sozinhos pelas ruas próximas de suas casas, enxergando um novo time para a próxima temporada, recheado por uma pá daqueles jovens jogadores adversários que acabaram de dar um olé no seu Corinthians. O sonho renova a esperança, que suaviza a irritação. Em sua cabeça, a derrota de agorinha já começa a se transformar em coisa do passado. Assim entram em casa, conformados, com o resultado e com as brincadeiras de sempre que terão que aguentar, com as respostas de sempre também, "ano que vem a gente conversa". E assim renasce o corintiano, do sofrimento e da dor que não cessa. Neste sábado o Corinthians foi goleado com Diogo, Osvaldo Cunha, Almeida (Galhardo (Clóvis)), Luís Carlos e Maciel; Tião e Rivelino; Buião, Paulo Borges, Tales e Eduardo. A Ferroviária, que venceu com facilidade, jogou com Machado; Baiano, Fernando, Rossi e Fogueira; Bebeto e Bazzani; Valdir, Maritaca, Teia e Pio.

40ª derrota implacável

Santos 3 x 1 Corinthians

Morumbi, 08 de junho de 1969

Campeonato Paulista Quadrangular final. Os dois times jogam completos nesta tarde fria. A torcida corintiana chega muito cedo ao estádio, tem se comportado assim depois que conseguiu se livrar de um dos grandes fardos que carregava: no ano anterior, o Corinthians se livrara do tabu, mas o Santos foi novamente campeão. A torcida entende que não precisa mais retardar sua entrada no estádio, estratégia utilizada nos últimos anos para minimizar a gozação dos adversários. Mesmo assim a torcida adversária continua lembrando os 15 anos de fila. Nas brincadeiras de rua, nas aulas de educação física, nas festas familiares, a criança pequena que permitem que entre na brincadeira apenas para constar, para não se sentir excluída, mas sem a mínima condição de competição, continua sendo chamada de "corintinha". O pirralho chora, não quer ser chamado de "corintinha", a mãe irritada interfere, pede para os maiores continuarem tratando-o como "café com leite". De nada adianta os apelos maternos. Aquele que não tem chance virou definitivamente "corintinha", chamá-la de "café com leite" virou coisa do passado. Geralmente, em casa, o "corintinha" é o menor entre vários irmãos; na rua, o "corintinha" é o pirralho que não joga nada, só atrapalha, mas é o dono da bola. Há uma década e meia o Corinthians participa dos campeonatos para promover seus adversários. Ao contrário da diretoria do Corinthians, sua torcida tem vergonha de comemorar os "memoráveis" títulos que o time ganhou nesses anos: Torneio Charles Müller 1958, Taça Inauguração de Brasília 1960 e Taça São Paulo 1962. O jogo começou. De um lado o alvinegro paulistano com Lula, Alvacir, Ditão, Luis Carlos e Pedro Rodrigues; Dirceu Alves e Rivelino; Paulo Borges, Tales, Benê e Buião. Do outro lado o alvinegro praiano, com Cláudio, Carlos Alberto Torres, Ramos Delgado, Djalma Dias e Rildo; Clodoaldo e Negreiros; Toninho Guerreiro, Edu, Pelé e Abel. No final do primeiro tempo o Corinthians já estava fora da disputa do título. Com 2 gols de Pelé e um de Edu, o Santos em 40 minutos liquidara a partida, transformando o segundo tempo num treino recreativo de troca de passes. Sua única preocupação era a final logo mais com o São Paulo. À grande massa corintiana restava agora, mais uma vez, torcer para que o Santos Futebol Clube se sagrasse tricampeão paulista.

41ª
derrota implacável

Santos 4 x 0 Corinthians

Morumbi, 26 de novembro de 1972

Campeonato Brasileiro. O Santos mais uma vez enfrenta o Corinthians com Pelé entre os titulares. Ao seu lado, outros três campeões mundiais. Entre eles Edu, um dos jogadores mais técnicos de todos os tempos. Seus dribles são desconcertantes, não há torcedor no estádio que não se levante para assistir em pé suas jogadas. Nos últimos jogos tem sido um prato indigesto para a pesada defesa corintiana. A torcida do Corinthians sabe que seu lateral não tem cintura para segurar o ponta-esquerda santista. O jogo, dirigido por Armando Marques, corre tranquilo no primeiro tempo, chegando ao seu fim sem nenhum gol. O segundo tempo começa bem diferente. Com Turcão no time santista, Rivelino, que já vinha apagado, desaparece completamente. Jair da Costa começa a se destacar no jogo e a sofrer sucessivas faltas violentas. O juiz apenas adverte de longe. Os jogadores corintianos sentem-se à vontade para bater mais; os jogadores santistas resolvem decidir logo a partida. Num lance aparentemente trivial, Pelé faz uma das suas, colocando Clodoaldo na cara do gol: Santos 1 X 0. O gol motiva ainda mais os jogadores do Santos, que parecem não perder mais uma única jogada. Edu começa a infernizar os homens da defesa. Mesmo com dois na cobertura, a zaga não consegue evitar suas penetrações. A bola literalmente cola em seu pé. Aqueles que apreciam o futebol como técnica e improviso vão ao delírio. Já não importa a camisa que Edu está vestindo: seu show encanta a todos, indistintamente. A torcida corintiana pressentindo o pior começa a pedir mudanças, mas logo o Santos faz 2 X 0, num chute de fora da área de Nenê. A arquibancada explode de alegria, Pelé e Edu realizam seguidas jogadas, uma mais linda do que a outra. Numa jogada parecida com aquela que originou o segundo gol, Nenê amplia novamente o placar, 3 X 0. A torcida do Santos começa a gritar "É goleada! É goleada! É goleada!" A torcida corintiana emudece, concentra-se nas jogadas do ataque santista. Rivelino passa a reclamar cada vez mais. A torcida de seu time o ignora, só tem olhos para os jogadores santistas, quando Edu, num lance cinematográfico, faz 4 X 0 para o Santos, deixando o goleiro do Corinthians simplesmente sem ação. Nesta goleada do Santos sobre seu adversário mais cúmplice, Pelé se deu ao capricho de não fazer nenhum.

42ª derrota implacável

Coritiba 3 x 0 Corinthians

Couto Pereira, 02 de setembro de 1973

Campeonato Brasileiro. O Corinthians viajou a Curitiba preparado e disposto a perder de pouco. A estratégia do técnico Yustrich à frente de um time pequeno sempre foi jogar o tempo todo atrás, defendendo-se, esperando o tempo passar. Jogando fora, o empate e a derrota pelo placar mínimo era goleada para um time que se encontrava na fila há 19 anos. O Corinthians era um time pequeno e como tal se portava neste campeonato.

Por isso e para isso contratou um especialista, o velho Yustrich. Algumas rodadas atrás cumprira à risca este papel, jogando contra Moto Clube e Tiradentes, em São Luís e Teresina, respectivamente. Mas em Curitiba as coisas fugiram do controle, pois se esqueceram de combinar com os jogadores do Coritiba, que não aceitaram o script já utilizado com os dois times nordestinos. Olhando para o placar por este ângulo, o time corintiano voltou para casa feliz, até porque se livrara de um corretivo da torcida. O Corinthians perdeu com Armando, Baldochi, Luiz Carlos, Wladimir, Zé Maria, Nelson Lopes, Lance, Tião, Ivan, Marco Antonio Visgo, Roberto Miranda, Vaguinho.
O Coritiba ganhou com: Jairo, Claudio, Oberdan, Nilo, Orlando, Bráulio, Dreyer, Hidalgo, Leocádio, Zé Roberto, Kruger, Dico Cola. Técnico: Tim.

43ª
derrota implacável

Palmeiras 1 x 0 Corinthians

Pacaembu, 15 de dezembro de 1974

Campeonato Paulista. Nos últimos 20 anos, vencer o Corinthians já estava virando rotina. Para muitos torcedores das grandes equipes de São Paulo, vencer o Corinthians significava muito pouco em termos de classificação, pois os pontos dessas partidas eram como favas contadas. Isto se disseminava pela sociedade de forma geral. Nas brincadeiras de criança, o pirralho que não conseguia brincar em condições de igualdade, começou a ser chamado pelos demais de "corintinha", em substituição ao tradicional "café com leite". Apesar disto, a massa corintiana já reunida se dizia convencida de que o tempo do fim chegara. Espalha-se pela cidade esta crença, enquanto o clima de Natal aos poucos vai sensibilizando as pessoas para um novo tempo, para a redenção dos homens, para a negação do destino, para o engrandecimento daqueles que sofrem. Este ano, nas duas últimas semanas que antecedem o Natal, o noticiário esportivo ganha ainda mais espaço nos jornais. Palmeiras e Corinthians se preparam para a grande decisão. Cada um levou um turno do disputado Campeonato Paulista. Mas no segundo turno o Corinthians não passara de sétimo colocado. Guarani, Botafogo, Portuguesa e Juventus ficaram à sua frente. Mas isto não importa. Comungando do sentimento natalino, a torcida corintiana entra em delírio. A devotada fidelidade a confunde. Uma ansiedade injustificada toma conta da torcida. O fanatismo, antes reprovável, começa a ser motivo de orgulho. Cada vez mais, homens, mulheres, crianças declaram-se fanáticos. Uma atmosfera de êxtase começa a penetrar e se fazer presente na cidade. A imprensa estimula e alimenta o desejo de milagre entre os que se sentem corintianos. A torcida começa a enxergar, por toda parte, sinais de que o martírio chegou ao fim. Nos meios esportivos, a ciência, o pensamento crítico, o raciocínio lógico cedem lugar à mística, à superstição, aos lugares comuns tão próprios das grandes multidões quando se movimentam tangidas numa única direção. Parte da crônica esportiva perde o pouco da objetividade que resta e entra no mesmo frenesi, começa a enxergar apenas o que gostaria de ver. Oportunamente, a noção de processo histórico, que há tanto aguardava do lado de fora, ganha espaço na dramaturgia dos locutores e apresentadores de rádio e TV. Eugênio Lonesco e seu teatro do absurdo, encenado em São Paulo, não fora suficiente para lembrar esta gente que tudo não passava de uma catarse social, ou coisa que o valha. Nessas visões turvas, o antigo e o moderno se misturam. Movimentos milenaristas vinham à tona, impulsos sadomasoquistas rompiam com o lacre da moralidade cristã, anseios políticos eram reposicionados tanto pela mídia panfletária como pela acadêmica, a difícil empresa do convencimento ideológico era facilmente substituída pela mera presença física junto às massas na arquibancada, o partido na clandestinidade e o partido do governo incorporavam rapidamente no discurso oficial e nas palavras de ordem os refrãos preferidos de homens guiados pelo fanatismo. Chega o dia da partida. O barulho no estádio é ensurdecedor. Os gritos do delírio não podem ser alcançados pelos gritos da outra torcida. Neste aspecto o Corinthians sai na frente, dentro do estádio sua torcida é maior, é mais vibrante, se diz mais fiel. Os times já estão em campo. A movimentação daqueles que estão de calções pretos é bem maior. Os de calção branco parecem tímidos ou apenas guardam suas energias? A fala sincera dos jogadores é com os pés, nunca com a voz que chega aos microfones. Por isso jamais saberemos o que pensam pelo que nos declaram nas entrevistas. No futebol, a verdade está mais próxima das imagens. Nos relatos, nas conversas, nos comentários encontramos o drama, a comédia do futebol. Muitas vezes bem mais apetitosa do que a verdade. A torcida é inegavelmente o 12º jogador. Decide quase tantos jogos como os craques em campo. A estatística nos mostra. Não se encontra distante o dia em que a torcida será paga para ir a campo. O time que aparenta timidez é justamente aquele que nos últimos anos tem colecionado títulos. Coisas do futebol. São mais de 100 mil torcedores corintianos no Morumbi. Os palmeirenses encontram-se praticamente confinados numa pequena parte da arquibancada. O Corinthians joga em casa. César, o artilheiro do Palmeiras, está suspenso, não joga. Justamente ele que costuma marcar contra o Corinthians. Outra vantagem corintiana. A torcida palmeirense parece não se importar. Em campo, o comportamento dos jogadores do Palmeiras demonstra o profissionalismo de sempre: se há uma taça em disputa, eles tratariam de obtê-la. Na arquibancada, a reação da torcida palmeirense é de quem confia no time. Começa o jogo. No gol do Corinthians uma vantagem palmeirense, lá está Buticce, um goleiro argentino. No meio-de-campo, Ademir da Guia, o Divino, absoluto como sempre. Outra vantagem palmeirense. Metade do segundo tempo, 0 X 0. Nesta altura do jogo o destino já se revelara. As torcidas, os jogadores em campo, todos no estádio já sabem quem sairá vencedor. Dizem que o gado, à caminho do abatedouro, já sabe o que lhe espera. O Palmeiras faz 1 X 0. O gol de Ronaldo aos 24 minutos, paradoxalmente, foi uma benção para as duas torcidas. Para a torcida palmeirense foi o gol do título, um gol abençoado. Para a torcida corintiana, foi o gol que pôs fim a uma condição extrema, a uma tensão insuportável. Era o gol do Palmeiras, era o gol que no íntimo eles já sabiam que viria, era o gol que lhes permitiria continuar respirando, era o gol da misericórdia. O gol sepultara o desespero, a esperança já podia nascer novamente. Que o título ficasse mais uma vez para o ano seguinte de sempre. Com o gol, o silêncio toma conta do estádio, o tempo que até então se arrastara começa a voar. Num instante Dulcídio Wanderlei Boschillia apita o final de jogo. O placar não foi mais elástico porque a arbitragem não deixou. Para aquela massa enlutada, a única coisa que existia naquele momento era a dor do desamparo, a tristeza em sua essência. Por isso, a felicidade do outro lado não poderia ser maior. E do outro lado estavam os santistas, os lusos, os são-paulinos e, principalmente, os palmeirenses. Mais uma vez o choro em preto e branco contrastava com a festa de todas as cores. Mais uma vez um dos maiores craques de todos os tempos encerrava sua história no Corinthians de forma melancólica, para conhecer as glórias com outra camisa; seu nome, Roberto Rivelino. Mais uma vez o Palmeiras é campeão. Mais uma vez o Palmeiras é campeão vencendo sua vítima preferida.

44ª
derrota implacável

Portuguesa 5 x 1 Corinthians

Pacaembu, 06 de julho de 1975

Campeonato Paulista. Nesta tarde de domingo o Pacaembu assistiria mais uma derrota do Corinthians. O placar só não foi ainda mais elástico porque o árbitro da partida, mais uma vez, favoreceu a equipe do Parque São Jorge. Considerando sua atuação nesta partida, somada a outras que também beneficiaram o Corinthians, entregar-lhe a condução da partida final de 1977 foi de grande temeridade. E a diretoria ponte-pretana, o que fez? Limitou-se a vender Rui Rei, o grande herói, ao mesmo Corinthians. Mas para esta partida o Corinthians ainda não havia inventado o tal do Castrilli. Começa o jogo, o time corintiano tem dificuldade para chegar perto da bola. O time da Lusa é superior. O Corinthians já tem mais de 20 anos de fila; a Portuguesa é novamente uma das favoritas a levar o título. A torcida corintiana lota mais uma vez o Pacaembu, mas isto não é um bom sinal para o Corinthians. Antes do intervalo os Leões da Furiosa já se fazem ouvir em todo os estádio, com seu grito de olé a cada toque na bola de sua equipe. O árbitro mostra-se ansioso para encerrar a primeira etapa, pois a Portuguesa está muito próxima de marcar o seu quarto gol. Os times voltam para o segundo tempo com os mesmos méritos e defeitos que apresentavam antes do intervalo. A Portuguesa logo abre 5 gols de vantagem, Enéas faz o quarto e logo depois o quinto gol. A facilidade é tanta que a torcida corintiana começa a abandonar o estádio antes do final da partida. Os que permanecem passam a hostilizar os jogadores do próprio time; alguns são especialmente ameaçados. O quadro está completo. Eis o Corinthians e sua torcida num Pacaembu lotado, com o placar acusando mais uma goleada histórica. O cenário está montado, os personagens estão em cena, só falta iniciar mais uma invasão de campo. A Portuguesa, que se impôs com enorme facilidade, jogou com Zecão; Cardoso, Mendes, Calegari e Santos (Isidoro); Badeco e Dicá; Xaxá, Enéas, Tatá (Tião Abatiá) e Antonio Carlos. O Corinthians jogou com Luis Antonio; Zé Maria, Baldochi, Claudio e Vladimir; Russo e Basílio; Vaguinho, Pita (Adilson), Zé Roberto e Arilson.

45ª derrota implacável

Corinthians 0 x 3 Botafogo SP

Pacaembu, 05 de agosto de 1976

Campeonato Paulista. Desta vez a torcida corintiana não aparece, são apenas 3 mil torcedores no estádio. Nas últimas 6 partidas o Corinthians venceu apenas uma, contra a Ponte Preta 2 X 1, empatando outra com o XV de Piracicaba 0 X 0, perdendo as outras 4 para a Portuguesa 1 X 2, América 0 X 1, Ferroviária 0 X 1 e Noroeste 0 X 2. Há 22 anos na fila, o Corinthians virara mais uma vez saco de pancada no Campeonato Paulista. Para os times do interior, vencer o Corinthians era meio bicho apenas. Virara obrigação. Esta partida foi atípica. O time do Botafogo era uma das melhores equipes do certame, seu ataque contava com Sócrates, que terminaria o campeonato como artilheiro. Mesmo assim o primeiro tempo terminou empatado. O Corinthians colocou os onze jogadores em seu campo, se fechando como um time pequeno, que sabe ter um potencial bem inferior ao do adversário. Mas no segundo tempo o ferrolho de Don Filpo Nunes não funcionou e o Botafogo, em 10 minutos, enfiou três espetos no Corinthians. A goleada só não foi maior porque os jogadores botafoguenses começaram a se poupar, evitando as jogadas mais perigosas, preferindo colocar o Corinthians na roda. O Corinthians, que escapou de uma goleada homérica, jogou com Sérgio; Zé Maria, Darci, Zé Eduardo e Vladimir; Tião e Basílio; Amauri, Genildo, Geraldo (Russo) e Ivã. O Botafogo jogou com Eduardo; Vanderlei, Paulo, Manuel e Mineiro; João Carlos (José Bernardes); Zé Mário, Sócrates, Zito (Márcio) e Alfredo.

46ª derrota implacável

Internacional 2 x 0 Corinthians

Beira Rio, 12 de dezembro de 1976

Campeonato Brasileiro. Final. Durante a semana que antecedeu a partida, a diretoria corintiana, escudada pelo Sr. Governador de São Paulo, tentou de todas as formas levar esta partida decisiva para um campo neutro. O país, acostumado com toda sorte de arbitrariedades, não escondeu seu temor de que a mesa fosse virada novamente. A patifaria desta vez não aconteceu. Azar do Corinthians de não ser carioca, neste caso. Desta vez o torcedor brasileiro não precisou fazer-se cúmplice de mais um desmando no futebol brasileiro. O regulamento foi respeitado, a partida foi confirmada para o Estádio do Beira Rio, campo do Internacional, que somou dezesseis pontos a mais do que o Corinthians no campeonato. Maior do que o absurdo da tentativa de virada de mesa foi o medo manifestado pelo Corinthians; medo de apenas jogar futebol, medo de respeitar o regulamento, medo de ficar mais um ano na fila, medo de tomar mais uma goleada histórica numa decisão de campeonato. Na verdade, o governador de São Paulo, a diretoria e a torcida do Corinthians estavam convencidas de que seu time não tinha a menor chance de conquistar este título. Começa a partida, começa o show colorado. Nas arquibancadas, a torcida sofredora parece vir de outro mundo, enxergar outro jogo. O Internacional faz o que quer em campo, os jogadores corintianos estão na roda mais uma vez, e a torcida continua pulando como se não esperasse outro cenário. Mais uma vez o Corinthians sai derrotado na disputa de um título, num jogo de final disputado fora de casa.

47ª derrota implacável

Ponte Preta 4 x 0 Corinthians

Moisés Lucarelli, 13 de fevereiro de 1977

Campeonato Paulista. Esta foi a verdadeira final deste Campeonato Paulista. Desta vez, os dois times entraram em campo com 11 jogadores, como manda a lei. O time da Macaca era fantástico. Talvez seu melhor time de todos os tempos. Do gol à ponta-esquerda, era um time muito equilibrado, passando por um meio-de-campo extraordinário. Não fosse a acomodação natural nesses momentos, a Ponte poderia ter enfiado no mínimo 7 gols. O jogo foi uma lição de futebol que a Ponte aplicou no Corinthians. Desde o primeiro minuto, Dicá tomou conta da partida, passando a distribuir as jogadas entre a defesa corintiana. O goleiro Carlos entrou em campo com os demais jogadores, mas praticamente não jogou, assistindo em pé a partida. A superioridade da Ponte Preta frente ao Corinthians era tamanha, que nas arquibancadas a própria torcida corintiana já lamentava mais um ano de fila. O presidente Vicente Mateus, logo ao final da partida, começou a se mexer, demonstrando interesse na compra de alguns jogadores ponte-pretanos. Mas o campeonato já tinha se iniciado e o regulamento não permitia a inscrição de novos jogadores. Por outro lado, Mateus, velho mateiro, sabia muito bem como e de quem se aproximar. O ano mal começara.

48ª derrota implacável

Corinthians 0 x 1 XV de Jaú

Pacaembu, 13 de dezembro de 1978

Campeonato Paulista. O Corinthians era o atual campeão paulista; título conquistado daquele jeito. A soberba corintiana, que estivera em campo no início do primeiro turno, até o time se convencer que ninguém respeitava aquele título, reapareceu por algum motivo nesta partida, que já não valia muita coisa para ambas as equipes. O time corintiano entrou em campo nas pontas do pé, como se corresse entre cristais. A torcida logo se manifestou, deixando claro que estranhava a atitude do time. Era um daqueles jogos que a torcida corintiana aflui em peso ao Pacaembu, para assistir o Corinthians enfrentar uma equipe considerada bem inferior, obedecendo a algum sinal subliminar, promovendo uma catarse coletiva de renovação da dor e da identidade. Nestas datas, inconscientemente, todos sabem que a derrota é certa. A comoção coletiva renova a identidade forjada no sofrimento. Assim parece ser. O XV de Jaú, cumpre seu papel com dignidade, luta do começo ao fim para vencer. São quase 40 mil corintianos no estádio. Os torcedores do XV, se existem, ali não se manifestam. Trata-se de um encontro de torcedores do Corinthians que, por uma razão misteriosa qualquer, vieram para sofrer a derrota imprevisível, tipicamente corintiana. No finalzinho da partida, já nos seus descontos, Miro faz 1 X 0, vaticinando o encontro como um momento de catarse coletiva. O XV de Novembro de Jaú venceu com Marola; Galli, Pedro Paulo, Nilson Andrade e Donizetti; Sabará e Roberval (Henrique); Frasão, Paulinho, Serginho (Miro) e Paulo Moisés. O Corinthians perdeu com Jairo; Luis Cláudio, Amaral, Djalma e Vladimir; Taborda e Biro-Biro; Vaguinho, Sócrates, Palhinha e Basílio (Cláudio Mineiro).

49ª
derrota implacável

Guarani 4 x 0 Corinthians

Brinco de Ouro, 07 de Abril de 1979

Campeonato Paulista. O Corinthians sempre demonstrou prazer em tomar de quatro do Guarani. Este placar se repetiu tantas vezes que até parece sina. Nos bolões para os lados de Campinas este placar não vale para os jogos do Guarani contra o Corinthians. A torcida corintiana sabia que a jovem equipe campineira não se faria de rogada e enfiaria muitas bolas para dentro da meta corintiana, mas ainda assim lotou as arquibancadas do Brinco de Ouro, disposta a sofrer com seu time. A partida em si foi muito fácil para o Guarani, parecia um treino de defesa contra ataque. Raras vezes o time corintiano ultrapassou o meio do campo. O árbitro, Almir Laguna, não teve trabalho algum, permanecendo quase toda a partida correndo numa única metade do campo. O Corinthians se defendeu com Jairo, Luis Cláudio (Romeu), Mauro, Djalma e Wladimir; Taborda, Vaguinho e Biro-Biro; Piter, Rui Rei (aquele), Cláudio e Mineiro. O Guarani atacou com Neneca, Mauro, Gomes, Edson, Miranda, Zé Carlos, Renato e Zenon; Capitão, Careca e Miltão.

50ª derrota implacável

Vasco 5 x 2 Corinthians

Maracanã, 04 de maio de 1980

Campeonato Brasileiro. O Corinthians ficaria 16 anos sem vencer o Vasco da Gama. Este jogo marcou o retorno de Roberto Dinamite à equipe carioca, depois de breve temporada europeia, ajudando a consagrar o artilheiro na galeria dos maiores ídolos cruz-maltino de todos os tempos. Foi uma festa completa. A torcida corintiana, como não poderia ser diferente, se fez presente em grande número, prevendo a dor que deveras sentiria. Os 5 gols vascaínos foram feitos por Dinamite, todos com grande facilidade, quase sem marcação. O goleiro corintiano também não se encontrava num bom dia, ora soltando bolas fáceis, ora sendo traído por sua defesa. A festa era vascaína, estava tudo preparado e o Corinthians não tinha time para modificar a história planejada por São Januário. Apesar da goleada sofrida no templo do futebol, a torcida corintiana deixou o Maracanã satisfeita com a presença e apoio da torcida flamenguista, que foi ao estádio dar uma canja à torcida paulista. O Vasco da Gama, soberano em campo, jogou com Mazarópi; Juan (Ivan), Leo, Paulinho II, Paulo César; Edu, Guina, Pintinho; Catinha, Roberto Dinamite e Wilsinho (João Luis). Técnico: Orlando Fantoni. O Corinthians foi goleado com Jairo; Amaral, Mauro, Wladimir, Zé Maria; Basílio, Caçapava (Djalma), Sócrates, Geraldão (Toninho), Piter e Wilsinho. Técnico: Jorge Vieira.

51ª
derrota implacável

São Paulo 4 x 0 Corinthians

Morumbi, 10 de agosto de 1980

Campeonato Paulista. Foi uma exibição de gala do São Paulo, mas o placar só não foi maior porque o espírito fraternal falou mais alto no time tricolor, que só não enfiou o dobro de gols no Corinthians porque ficou com dó. A torcida corintiana parecia não acreditar em placar tão acanhado, pois o que se viu em campo foi um verdadeiro massacre do São Paulo. O regulamento não deveria permitir tamanha desproporção de forças entre dois times grandes do futebol brasileiro, pois a equipe corintiana já estava nocauteada nos primeiros minutos do jogo. Se fosse boxe, o juiz já teria suspendido a luta antes da metade do primeiro assalto. A dor da inveja, impotente para qualquer reação, era tão grande nas arquibancadas que os jogadores são-paulinos em campo pareciam compreender o sofrimento do torcedor humilde, festejando cada gol com certa parcimônia. O time do São Paulo jogou com Valdir Peres; Getúlio, Oscar (Nei), Dario Pereyra e Ayrton; Almir, Renato e Heriberto; Paulo César, Serginho (Assis) e Zé Sérgio. O Corinthians que despertou comiseração jogou com Jairo, Zé Maria, Mauro, Djalma e Wladimir; Caçapava, Basílio e Biro-Biro; Gil, Geraldão (Vaguinho) e Toninho.

52ª derrota implacável

Juventus 3 x 0 Corinthians

Parque Antártica, 06 de setembro de 1981

Campeonato Paulista. O apelido de "moleque travesso" foi dado ao Juventus em função das inúmeras derrotas que impôs ao Corinthians. Quando o adversário da próxima rodada era o Juventus, a torcida corintiana já perdia a paz e se punha a fazer contas durante a semana. Neste jogo, o Corinthians foi novamente o time acanhado, jogando atrás, dando chutão para todos os lados, fazendo o tempo passar para evitar a goleada que se avizinhava. Para os jogadores corintianos, permanecer em campo parecia um castigo, a bola queimava os seus pés, as jogadas mais simples não saíam. O estádio estava lotado até a boca, mais de onze mil pessoas testemunhavam mais esta derrapada do Corinthians na casa do grande rival. Jogando fora de seus domínios, o Juventus foi piedoso com aquele time acuado em campo, que jogava com medo de seus próprios torcedores. Depois de fazer 2 X 0 ainda no primeiro tempo, o time da Mooca tirou o pé do acelerador, voltando a jogar no estilo de seu treinador, fechado lá atrás, esperando pelo erro do adversário. Este foi o erro do Juventus, que tivesse partido para cima do Corinthians teria feito um saco ainda maior de gols. A festa daqueles que torciam pelo Juventus foi um show a parte nas arquibancadas. O time do Corinthians não se achava em campo, o Juventus tocava a bola, colocando o adversário na roda. Ataliba pintava e bordava com a defesa corintiana.

A torcida alvinegra acabou se irritando como de costume e só não quebrou o estádio porque se tratava de patrimônio particular; e a conta certamente chegaria no dia seguinte. Ao final da partida, a torcida corintiana só se lamentava de não se encontrar no Pacaembu. Não havia mais o que explicar. O Juventus ganhou com enorme facilidade jogando com Rafael; Nelson, Deodoro, Leís e Bizi; Nedo, Mario (Cesar) e Gatãozinho; Ataliba (Trajano), Geraldo e Wilsinho. Técnico: Candinho. O Corinthians ficou na roda com Rafael, Lóti, Mauro, Taborda e Wladimir; Caçapava, Biro-Biro e Zenon; Carlinhos (Gomes), Rui Rei (aquele (Paulinho))e Joãozinho.

53ª derrota implacável

Bahia 3 x 0 Corinthians

Fonte Nova, 03 de julho de 1981

Campeonato Brasileiro. Este jogo trouxe para a Bahia o carnaval fora de época. Em pleno "inverno", a máquina paulista continuou emperrada, acanhada em seus movimentos, sonolenta, praticando um futebol covarde e burocrático. Do outro lado, um time animado e confiante, com vontade de jogar futebol, em paz com a própria torcida. Assim o Esporte Clube Bahia entra em campo para enfrentar um Corinthians apático e desconjuntado, logo fazendo prevalecer sua superioridade técnica e tática. A empolgada torcida baiana veio em peso ao estádio, confiante que o Corinthians dessa noite seria o mesmo de sempre, o time muito falado que mas que nunca assustou no Brasileirão. A torcida do Bahia deixa a Fonte Nova em festa, mas consciente que a folgada vitória deveu-se principalmente à debilidade do time corintiano. O popular time paulista não empolga nem mesmo a torcida adversária. Este representativo Corinthians jogou com Solitinho; Amaral, Djalma, Luis Cláudio, Wladimir; Basílio, Biro-Biro (Wagner), Caçapava, Geraldão (Toninho), Vaguinho e Wilsinho. Seu técnico, Osvaldo Brandão. O Bahia, comandado por Aymoré Moreira, jogou com Renato; Edson Soares, Nílton, Edinho, Fernando, Paulo César, Leo Oliveira, Toninho Taino (Sales), Washington, Dirceu, Zé Augusto e Gilson.

54ª derrota implacável

Corinthians 0 x 2 São Bento

Canindé, 28 de setembro de 1983

Campeonato Paulista. Mais uma vez o Corinthians joga "em casa", num estádio que não é seu, graças ao favor e à generosidade da Lusa. Sua torcida lota as dependências do estádio emprestado, vem em peso assistir mais um jogo fácil, não imaginando que testemunhará mais uma derrota incontestável do seu time. Raramente o Corinthians é prejudicado pela arbitragem. Talvez este fato esteja na raiz do fanatismo de seus torcedores, que se confortam nos estádios, convencidos de que a maior ameaça para qualquer torcedor – ver seu time ser prejudicado pela arbitragem – não lhes atinge, pois metade dos títulos corintianos deve-se a repetidos "erros" da arbitragem contra seus adversários. Para o São Bento, que deixara Sorocaba acompanhado de poucos torcedores, enfrentar apenas os jogadores corintianos era uma oportunidade única, ver a arquibancada tomada de corintianos um estímulo a mais. Para o São Bento, estas condições não poderiam ser desperdiçadas, pois raramente são encontradas quando se enfrenta o Corinthians. Mal começa o jogo e a grande torcida alvinegra se dá conta que a noite será de tristeza. O time do São Bento, inspiradíssimo, passa a maior parte do tempo com a bola nos pés. Os torcedores corintianos mais antigos, presentes no Canindé, começam a se lembrar de uma antiga partida contra o São Paulo, em que os jogadores do Corinthians passam tanto tempo sem tocar na bola, que parecem bobinhos em campo, correndo de um lado para o outro, mas chegando sempre atrasados onde a bola já não se encontra mais. Lembram estes torcedores que nesta partida contra o São Paulo nasceu esta brincadeira com bola chamada roda de bobinho, em alusão ao comportamento dos jogadores corintianos, que muito corriam mas pouco tocavam na bola. Desta vez, um outro santo, o São Bento, colocava o Corinthians na roda. Os gols da partida saíram naturalmente ainda no primeiro tempo, ambos marcados por Índio. No segundo tempo outros poderiam ter saído, mas o São Bento preferiu colocar o Corinthians na roda. O Corinthians, dirigido pelo técnico Jorge Vieira jogou com Leão, Ronaldo, Mauro, Wágner e Wladimir; Paulinho, Sócrates e Zenon; Ataliba, Vidotti (Luís Fernando) e Eduardo. O São Bento jogou com Ademir Maria; Flavinho, Nei, Jorge e Gilberto; Zé Carlos (Marquinhos) João Carlos (Antonio Carlos) e Osmarzinho; Indio, Nivaldo e Mateus. Técnico: Nenê.

55ª derrota implacável

Náutico 5 x 1 Corinthians

Estádio do Aflitos, 1º de Abril de 1984

Campeonato Brasileiro. O time do Corinthians, mais uma vez, não soube reconhecer a superioridade do adversário. O Corinthians terminou a partida com 10 jogadores, Mauro foi expulso, mas outros jogadores corintianos demonstraram a mesma falta de técnica, esportividade e estabilidade emocional. Juninho saiu de campo constrangido, sua atuação foi patética, irritando a torcida corintiana a 2 mil quilômetros de distância. A torcida não tinha dúvidas, com esta defesa o seu time continuaria colecionando goleadas. Por outro lado, a torcida do Náutico comemorava mais uma vitória sobre o freguês de sempre.

56ª derrota implacável

Corinthians 0 x 1 Santos

Morumbi, 02 de dezembro de 1984

Campeonato Paulista. Jogo decisivo. Morumbi abarrotado. São mais de 101 mil pagantes para mais um jogo decisivo entre

Santos e Corinthians. Vale o título do campeonato. O Santos se dá ao luxo de manter Mário Sérgio no banco, o Corinthians vem completo. Desde o início o Santos se impõe no jogo. O Corinthians desaparece cada vez mais na partida, o gol do Santos esteve sempre muito próximo, mas acaba não saindo no primeiro tempo. Na etapa final o Santos volta soberano, os jogadores do Corinthians dão a impressão de que preferem decidir nos pênaltis, procurando o antijogo para fazer o tempo passar. Os jogadores santistas ignoram, partem para cima, a equipe corintiana se encolhe, as torcidas se dão conta de que o gol do Santos é apenas um detalhe. As triangulações entre Humberto, Zé Sérgio e Serginho Chulapa ficam cada vez mais intensas e perigosas, a defesa e o meio-de-campo do Corinthians começam a falar línguas distintas, o técnico se desespera no banco, mas pouco tem a fazer. Numa das triangulações sai o gol do título, com Chulapa empurrando para o fundo da meta. A presença de Rodolfo Rodrigues no gol santista era uma garantia para a torcida santista e um desmotivador a mais para a torcida corintiana. O Santos voltava a ser campeão paulista, outra vez vencendo o Corinthians na partida decisiva.

57ª derrota implacável

Santo André 1 x 0 Corinthians

Estádio Pedro Benedetti, 21 de setembro de 1985

Campeonato Paulista. A torcida do Corinthians se desloca em grande número até Mauá, para apoiar o seu time neste confronto com o Santo André. A partida é disputada em campo neutro, mas a equipe corintiana parece se esquecer deste aspecto, pois se comporta como um time pequeno jogando na casa do adversário. Os jogadores do azulão, de início, não acreditam, mas aos poucos vão se soltando, tomando conta da partida. A torcida, com a fidelidade de sempre, começa a pressionar o próprio time, favorecendo o time adversário. Os jogadores que já carregam o peso da deficiência técnica, agora lutam também com a pressão da própria torcida. Os torcedores locais, que nunca presenciaram a grande torcida no estádio, estranham este comportamento, pois não conseguem entender porque não enxergam vantagens em pressionar o time adversário. O Santo André entrou em campo disposto a jogar futebol, o Corinthians preferiu apostar no antijogo. No final da partida, quando o Corinthians já se mostrava mais do que satisfeito com o placar, o Santo André faz 1 X 0 com Márcio Fernandes. O Corinthians, que já entrou derrotado em campo, jogou com Solito, Édson, Mauro, Wagner e Wladimir; Dunga, Biro-Biro e Eduardo; Paulo César, Casagrande e João Paulo. Técnico Mário Travaglini.

58ª derrota implacável

Comercial 4 x 0 Corinthians

Palma Travassos, 02 de março de 1986

Campeonato Paulista. O Corinthians, durante décadas, foi freguês do Comercial. Durante anos seguidos foi derrotado pelo alvinegro ribeirão-pretano. Nas décadas de 1960 e 1970, o Comercial se impôs ao time paulistano, jogando em casa ou fora de seus domínios. Neste jogo, mais uma vez, o Corinthians não viu a cor da bola. O Comercial venceu a partida com enorme superioridade, mesclando elegância e força. Não foi um grande ano para o Comercial, mas ainda assim jogou essa partida com grande dignidade, impondo-se desde o início à equipe paulistana. A torcida corintiana presente ao estádio, depois de viajar centenas de quilômetros de suas cidades até Ribeirão Preto, parecia pouco interessada no jogo, ansiosa para chegar logo ao famoso Pinguim. Já o time do Corinthians parecia ter passado antes pela Praça XV de Novembro. Ao final da partida o atacante Lúcio saiu consagrado, depois de marcar 3 gols. O Comercial, que tem uma coleção de vitórias na história desse confronto, desta vez goleou com Moacir; Paulinho Pereira, Ronaldo, Nenê e Amarildo (Gaspar); Derval, Manguinha e Luis Alberto; Lucio, Didi (Glauco) e Rômulo. Desta vez o Corinthians foi goleado com Solito; César, Paulo, Edvaldo e Airton (Márcio); Biro-Biro, Wilson Mano e Luis Fernando (Dicão); Paulo Cesar, Lima e João Paulo.

59ª derrota implacável

Corinthians 1 x 5 Palmeiras

Morumbi, 03 de agosto de 1986

Campeonato Paulista. Uma sucessão de casos estranhos vinha marcando o campeonato desde o seu início. Em fevereiro, a

Federação Paulista de Futebol anunciara uma nova tabela de preços para os jogos oficiais que, a partir deste campeonato, teriam preços escalonados de acordo com a importância das partidas. Poucas horas depois, no entanto, por decisão do Governo Sarney, a FPF teve que voltar atrás, pois o congelamento de preços em vigor alcançava também os ingressos para os jogos de futebol. O campeonato só foi televisionado a partir das semifinais. Os grandes clubes entenderam naquele momento que a televisão era a principal responsável pelo esvaziamento dos estádios. No jogo do Corinthians contra o XV de Jaú, 09/07/1986, um jogador do XV, revoltado com a continua repetição dos erros de arbitragem, invariavelmente contra os chamados times do interior, tomou o cartão vermelho das mãos do árbitro, expulsando-o de campo, repetindo o gesto característico que os árbitros fazem nesses momentos. Apesar disto tudo, Palmeiras e Corinthians entram em campo para o jogo de nº 242. O placar deste jogo foi um dos poucos acontecimentos deste campeonato que não trouxe surpresa para os torcedores mais atentos. Foi um show de bola. Era lamentável ver o Corinthians em campo, seus jogadores pareciam não saber o que fazer com a bola nos raros momentos em que tiveram a sua posse. Seu técnico, Rubens Minelli, um dos mais vitoriosos e experientes técnicos brasileiros, simplesmente não tinha o que fazer. Foi um passeio do Palmeiras sobre o Corinthians. No último minuto da partida, quando os jogadores do Palmeiras já soltavam os laços das chuteiras, Casagrande achou um golzinho solitário, que boa parte de sua torcida não viu, porque perdera a fidelidade, já se encontrando do lado de fora do estádio. O Palmeiras fez o que quis, o Corinthians se defendeu como pôde.

60ª derrota implacável

Corinthians 0 x 2 Flamengo

Pacaembu, 20 de março de 1991

Libertadores. É impressionante a habilidade, o talento, a vocação da torcida corintiana em arremessar garrafas de todos os pontos da arquibancada para dentro do gramado. E o que é mais surpreendente, este talento tem passado de uma geração para outra, há muitas décadas. Por sua vez, as pessoas investidas de autoridade, que deveriam zelar pela integridade dos torcedores e pela conservação do patrimônio público, parecem apreciar mais do que ninguém este espetáculo, que já consagrou a torcida corintiana e o Pacaembu, local onde o espetáculo se repete com frequência e exclusividade. Por que será que a chuva de garrafas só acontece no Pacaembu? Por que será que, independentemente do partido político, as autoridades responsáveis se omitem diante da destruição do patrimônio público? E o Ministério Público também tem se omitido. Neste jogo só deu Flamengo, que ganhou como quis de um time inseguro, assustado com a pressão fora de campo, ameaçado pela própria torcida que se diz fiel, mas que já aprendeu que a fidelidade só pode ocorrer consigo mesmo. A torcida corintiana viu neste dia um show de bola do time do Flamengo e, generosamente, presenteou o Pacaembu com uma chuva de garrafas. Pelos registros da imprensa, quem foi ao estádio assistir a esta partida de futebol, acabou brindado com a mais bonita chuva de garrafas de todos os tempos. A torcida flamenguista custava a acreditar no que seus olhos viam, a torcida corintiana invadindo o campo sob uma chuva de garrafas para agredir os jogadores de seu próprio time. Inacreditável! Era tudo o que muitos rubro-negros podiam exclamar. A imprensa paulista parecia já acostumada com o deprimente e irresponsável espetáculo da falta de esportividade da maior torcida paulista. O que podemos pensar, esperar ou dizer a respeito desta insensatez? Como qualificar a omissão de todos nós diante do silêncio das autoridades? Isto nos faz lembrar outra história tão antiga como esta, e igualmente absurda, a dos colchões incendiados e imediatamente repostos nas prisões brasileiras. Seriam as licitações e compras emergenciais a verdadeira razão das autoridades omissas? Mas vamos às causas da irritação da torcida corintiana. O Flamengo passeou em campo, em muitos momentos deu a impressão de se tratar de um treino de dois toques, os jogadores corintianos pareciam, em alguns momentos, deslocados, esquecendo-se do esquema de jogo e dos treinamentos táticos. Desde o início da partida estes jogadores pareciam mais preocupados com a própria torcida do que com o seu adversário. Alguns jogadores do Corinthians chegaram a passar a impressão de que perder para o Flamengo é menos dolorido. Por sua vez, o comportamento da torcida corintiana nesta partida, frente a frente com a torcida carioca, reforça a hipótese aqui defendida de que não chega aos pés da torcida rubro-negra; a quem tanto admira. Sem declarar-se fiel, a torcida flamenguista é muito mais dedicada ao seu time do que a torcida corintiana. Fora isto, o verdadeiro prazer desses torcedores corintianos parece se encontrar em algum lugar entre o desejo de bater e de tomar porrada. Em algum lugar por aqui devemos encontrar as respostas que há muito aguardamos para este repetitivo comportamento autodestrutivo da torcida corintiana.

61ª derrota implacável

São Paulo 3 x 0 Corinthians

Morumbi, 08 de dezembro de 1991

Campeonato Paulista. Primeiro jogo da final. Morumbi lotado, 102 mil pagantes, na sua grande maioria corintianos. É impressionante como esta torcida pressente a derrota, lotando o estádio nestas ocasiões, talvez apenas pelo prazer masoquista de um dia poder dizer a seus netos: "Eu estive lá". O carrasco do Corinthians, desta vez, foi Raí. Além de fazer misérias, deu-se ao luxo de fazer os 3 gols da partida. E não fez mais por generosidade, servindo seus colegas quando tinha todas as condições para marcar. O primeiro gol é de uma precisão cirúrgica rara, com um difícil arremate na corrida que coloca a bola na gaveta de Ronaldo. No segundo gol, de pênalti, o goleiro corintiano se antecipa escandalosamente antes do atacante tocar na bola, mas de nada adianta. O São Paulo joga como quer, a torcida corintiana logo começa a rezar para não apanhar muito. Há algazarra na arquibancada, a torcida corintiana espera pelo pior. O jogo caminha para uma goleada histórica. Raí mostra-se misericordioso, mas não deixa de assinalar o terceiro gol, encerrando a agonia daquela massa sempre insatisfeita. Enquanto deixava o estádio, a torcida corintiana podia sentir a vibração tricolor nas arquibancadas. Decididamente nenhum outro time sabe abrilhantar um título do adversário como o Corinthians. Mais uma vez o Corinthians foi coadjuvante na festa são-paulina, jogando com Ronaldo; Giba, Marcelo, Guinei e Jacenir; Jairo,

Ezequiel (Carlinhos) e Wilson Mano; Marcelinho, Tupãzinho e Paulo Sérgio. O São Paulo sagrou-se campeão com Zetti; Cafu, Antônio Carlos, Ronaldo e Nelsinho; Sidney, Suélio e Raí; Muller, Macedo e Elivélton.

62ª derrota implacável

Corinthians 1 x 4 Vasco

Pacaembu, 26 de janeiro de 1992

Campeonato Brasileiro. Os dois times se apresentaram para esta partida com as seguintes equipes – Corinthians: Ronaldo; Guinei, Giba, Jacenir, Ezequiel; Marcelinho Paulista (Fabinho), Márcio Bittencourt, Neto, Paulo Sérgio (Luciano Souza); Tupãzinho e Wilson Mano. Técnico: Basílio. Vasco da Gama: Régis; Alexandre Torres, Jorge Luis, Eduardo, Luis Carlos Winck; Geovani (Sidnei), Luizinho, Willian; Bebeto, Edmundo e Sorato. Técnico: Nelsinho Rosa. Como não poderia ser diferente, foi uma barbada. Difícil imaginarmos quem poderia apostar no Corinthians, considerando três fatos objetivos: a diferença de elenco, o local do jogo e o adversário, o Vasco de Eurico Miranda. Mais uma vez, no Pacaembu, o Corinthians fez forfé. O Vasco abriu 3 X 0 com muita facilidade. Jorge Luis, Sorato e Bebeto chegaram ao gol com a mesma tranquilidade, quase como um obséquio da defesa corintiana. Com este placar, tudo parecia conformado, no seu devido lugar, quando o lateral Giba achou um golzinho, fazendo, como diria o outro, o que não devia. Isto é, o gol do

Corinthians trouxe o Vasco novamente para jogo. Imediatamente o time carioca colocou o Corinthians na roda, tocando a bola como se o outro time não estivesse ali. No final, uma linda linha de passe com Bebeto, Willian, Júnior, Caçapava e Bebeto novamente coloca números definitivos na partida. Outra vez o Corinthians sai goleado do Pacaembu; parte de sua torcida já havia ido embora, não vendo o último gol adversário.

63ª derrota implacável

Corinthians 1 x 3 Portuguesa

Pacaembu, 18 de julho de 1992

Campeonato Paulista. Nesta partida o Corinthians viu mais uma vez o que é enfrentar a Portuguesa de Desportes com uma arbitragem independente. Além disto, a Portuguesa veio para a partida com o time completo. Não deu outra, goleada da Lusa. O Corinthians mal viu a cor da bola e sua torcida ameaçou quebrar outra vez o estádio que não é seu. Mas a jovem equipe da Portuguesa, conduzida pelo futebol moleque de Dener e Bentinho, colocou o time do Corinthians na roda, deixando a impressão de que não fez mais gols porque se desinteressou. O Corinthians foi goleado com Ronaldo; Giba, Marcelo, Henrique e Nelsinho (Elias); Wilson Mano, Ezequiel e Neto; Fabinho, Viola e Tupãzinho. A Portuguesa de Desportes desfilou em campo com Ênio; Zé Maria, Vladimir, Cleber e Charles; Capitão, Cristovão e Dêner; Baiano (Maurício), Bentinho e Adil.

64ª derrota implacável

Corinthians 0 x 4 Internacional

Pacaembu, 09 de outubro de 1992

Copa do Brasil. Nesta partida o Corinthians foi goleado com Ronaldo, Henrique, Marcelo Dijan, Nelsinho (Viola), Wladimir, Ezequiel, Neto, Paulo Sérgio, Wilson Mano (Edu Manga), Fabinho e Nilson. O Internacional passeou em campo com Fernandez, Célio Silva, Célio Lino, Daniel, Ricardo, Elson, Marquinhos (Silva), Márcio Bittencourt, Zinho (Norton), Gérson e Maurício. Mais uma vez o Corinthians encontrou dificuldades instransponíveis para vencer um time dirigido por Antônio Lopes. O homem é delegado de polícia, acostumado a prender ladrão, por isso eles costumam não aparecer nestas partidas. Na verdade, foi um show de bola da equipe gaúcha. A equipe corintiana se escondeu em campo, deixando, muitas vezes, a impressão de que também torcia para que o jogo acabasse logo. A torcida corintiana sentiu a inferioridade de seu time.

65ª
derrota implacável

Corinthians 1 x 3 Santos

Pacaembu, 25 de outubro de 1992

Campeonato Paulista. Com esta derrota o Corinthians aprenderia várias coisas, dentre elas o nome do seu novo carrasco santista: Guga. Mais do que um nome, Guga tornou-se uma lenda para a torcida corintiana depois de marcar 6 gols em 2 partidas contra o Corinthians. Tudo começou nesta tarde. De alguma forma e por alguma razão ainda não explicada muito bem, certos jogadores aumentam em muito seu desempenho atlético quando enfrentam determinados adversários. A história do futebol coleciona muitos destes casos. Guga e Corinthians é um destes. Neste jogo o centroavante santista teve uma exibição de gala, humilhando uma defesa que parecia hipnotizada, como se jogasse com uma bola oval. Guga fez até gol de cabeça. O terceiro gol foi um primor, uma verdadeira pintura. Guga pega a bola de voleio numa meia bicicleta perfeita, não oferecendo a mínima chance para o goleiro. A irretocável jogada do atacante santista fez renascer na torcida corintiana aquele sentimento único, resultante da mistura entre resignação e admiração. O Corinthians levara uma sova, mas os torcedores corintianos, de alguma forma, estavam satisfeitos, não traziam raiva nos olhos, carregavam apenas uma expressão de paz e justiça.

66ª derrota implacável

Palmeiras 4 x 0 Corinthians

Morumbi, 12 de junho de 1993

Campeonato Paulista. Outra vez o Palmeiras é campeão em cima de sua vítima preferida. Outra vez o Palmeiras é campeão com uma goleada histórica sobre o Corinthians. A superioridade do Palmeiras neste jogo foi tão flagrante que muitos torcedores deixaram o estádio convencidos que o Palmeiras permitiu a vitória corintiana na primeira partida das finais. "Coisas do futebol", disseram laconicamente alguns dirigentes. A torcida palmeirense deu de ombro, naquele momento valia apenas a alegria de mais um título, conquistado com goleada acachapante sobre os Gambás. A partida em si foi fácil demais para o Palmeiras, conforme os gols saíam, os jogadores corintianos perdiam a cabeça, um após o outro, talvez acreditando que diminuiriam sua dívida com a torcida. Mais uma vez deixaram o Corinthians chegar à final sem as mínimas condições para enfrentar o seu grande adversário. Não deu outra, o Palmeiras era incontestavelmente melhor. A cidade já acostumada registra novamente as lágrimas alvinegras que escorrem silenciosamente e os gritos de campeão que anunciam a festa alviverde.

67ª derrota implacável

Guarani 4 x 0 Corinthians

Brinco de Ouro, 02 de fevereiro de 1994

Campeonato Paulista. O modesto time bugrino entrou em campo confiante na vitória, sabe que o time corintiano vem nervoso para o jogo, preocupado em evitar que o histórico placar de 4 X 0 se repita mais uma vez. Desta vez a torcida do Guarani é maior e logo impõe seu canto de guerra, pedindo que o time enfie 4 novamente. O Corinthians tem aceitado passivamente que o Guarani se imponha com grande superioridade, principalmente quando joga em casa. A verdade é que o jogo começa e ambos os times parecem concordar quanto ao placar final da partida. A troca de jogadores em ambos os times, de ano para ano, parece não fazer a mínima diferença. O Corinthians sai de São Paulo em direção à Campinas já sabendo de quanto irá apanhar. Desta vez o Corinthians apanhou com Ronaldo, Leandro Silva, Gralak, Henrique e Elias (Adil); Ezequiel, Moacir, Marcelinho Carioca e Tupãzinho; Marques e Viola. O Guarani jogou praticamente todo o segundo tempo com dez jogadores, mas ainda assim venceu com facilidade com Narciso, Gustavo, Adilson, Fernando e Valmir; Da Silva, Rodnei, Djalminha e Edu Lima (Luis Carlos Gaúcho); Tiba e Clóvis.

68ª derrota implacável

Flamengo 5 x 2 Corinthians

Maracanã, 28 de agosto de 1994

Campeonato Brasileiro. Cinco mil torcedores corintianos vão ao Maracanã se deliciarem com a festa da torcida rubro-negra. Quase não olham para o campo, onde o jogo se desenrola de acordo com a vontade do Flamengo. Os torcedores corintianos, das diversas divisões, não tiram os olhos da festa rubro-negra, com coreografias criativas e bem ensaiadas, que costumam sensibilizar inclusive os torcedores adversários. Vieram ao Rio para aprender e, como aprendizes, para além de toda rivalidade, admiram seus mestres. Muitos chegam a comentar em voz baixa que a torcida do Corinthians está para a do Flamengo, assim como o carnaval paulista está para o carnaval carioca. Não há como competir, se num ano estão um passo à frente, no outro já abrem dois. Fechando o comentário quase sussurrado, arremata, não tem jeito, é correr atrás e pronto. Todos estão felizes ao final da partida, os jogadores do Flamengo com uma vitória elástica que não exigiu maiores esforços. Os jogadores do Corinthians por terem tomado apenas 5, quando poderiam voltar para São Paulo com 7, 8 gols na conta. Os torcedores flamenguistas saíram satisfeitos com a facilidade que o seu time encontrou para vencer o timinho; enquanto a torcida corintiano saiu satisfeita com a brisa marinha, sempre inspiradora de novas aprendizagens. O Flamengo do técnico Carlinhos passeou em campo com Gilmar, Fabiano (Paulo Nunes), Gélson Baresi, Índio

Alagoano, Charles Guerreiro, Marcos Adriano; Hugo, Marquinhos, Nélio, Magno e Sávio. O Corinthians perdeu mais uma, agora sob o comando do técnico Jair Pereira, com Ronaldo, Gralak, Henrique, Valdo, Daniel; Boiadeiro, Souza (Tupãzinho), Wilson Mano, Zé Elias, marques e Viola.

69ª derrota implacável

Corinthians 1 x 3 Palmeiras

Pacaembu, 15 de dezembro de 1994

Campeonato Brasileiro. Final: primeiro Jogo. O Palmeiras entra em campo para decidir o título já na primeira partida. O Corinthians entra em campo tremendo, certamente se lembrando da última decisão de que participou, justamente contra este mesmo Palmeiras. O medo do resultado, o medo da goleada, o medo do time adversário, o medo da reação da própria torcida, o medo histórico, medo, medo, medo... parece não existir outro sentimento na equipe corintiana. Como pode um time entrar em campo para uma decisão do Campeonato Brasileiro, contra o seu mais impiedoso adversário, tendo no medo o principal sentimento? Dos três jogadores corintianos que na última decisão pediram ao árbitro para sair, dois estão em campo. Do lado palmeirense, algumas novidades na escalação, o time se encontra ainda mais forte. Será mais um passeio, mais um show palmeirense neste clássico paulista? O primeiro tempo termina com o Palmeiras na frente. A torcida corintiana sabe, lá no íntimo, que a preocupação do time é não tomar mais uma goleada. Há muita desproporção técnica em campo. Se compararmos jogador com jogador, essa diferença fica ainda mais evidente. Só mesmo o fanatismo para trazer alguma esperança aos torcedores corintianos. O fervor religioso pode trazer a promessa, mas não tem forças para mudar o que está determinado. Primeiro jogo da final, a torcida sabe que já pode comemorar, o título é do Palmeiras. O segundo jogo será apenas para cumprir o regulamento e atender aos interesses financeiros do futebol. Ao Corinthians resta aplaudir, o Palmeiras é novamente campeão.

70ª derrota implacável

Santos 3 x 0 Corinthians

Vila Belmiro, 19 de novembro de 1995

Campeonato Brasileiro. Este jogo foi emocionante sob vários aspectos. Antes do início da partida, Pelé foi homenageado pela diretoria santista, entrando em campo de mãos dadas com seu filho Edinho e com Gallo, respectivamente goleiro e capitão do Santos. Naquele momento, anos depois de ter transformado seu nome numa das marcas mais conhecidas do planeta, Pelé colocaria os seus pés na calçada da fama da Vila Belmiro. E com a humildade de sempre entrou no gramado chorando, emocionado com a singela homenagem do Santos ao maior atleta do século. Diante da modesta equipe santista no campeonato, todos estavam de acordo que a melhor data para a festa ao rei seria a do jogo contra o Corinthians. Para além da certeza da sapatada, torcida e diretoria enxergaram que reservando esta data para a festa seria também uma forma de se homenagear o eterno freguês mas também admirador das grandes equipes santistas. A festa só não foi perfeita porque o elenco corintiano não soube se beneficiar das lições de humildade que o maior atleta do século deu ao longo de sua vida. E nessa tarde de festa, a torcida do Corinthians presente no estádio ficou envergonhada da atitude de seus jogadores que, diante da superioridade da equipe santista, começaram a apelar com faltas violentas, muitas vezes covardes. Edinho fazia uma partida sublime, numa justa homenagem pessoal a seu pai. Giovanni honrava a camisa 10 que vestia. Camanducaia, Robert e Jamelli completavam um ataque esforçado, que procurava em todos as jogadas um lampejo da arte que outrora consagrara aquele gramado como a casa do maior ataque da história do futebol. Enquanto isto, vestindo a outra camisa, jogadores de quinta categoria se comparados com o monstro sagrado que ali era homenageado, demonstravam a mais completa falta de sensibilidade e humildade, não admitindo e não reconhecendo a patente superioridade da equipe santista. De nada adiantou tal atitude, o Santos mais uma vez enfiou três espetos no Corinthians, completando a festa em louvor de um mito chamado Pelé.

71ª derrota implacável

Cruzeiro 4 x 0 Corinthians

Estádio Independência, 24 de abril de 1996

Copa do Brasil. Desde então nesta data se celebra na capital mineira o baile oficial do Independência, em homenagem à equipe celeste que fez o time do Corinthians dançar durante 90 minutos atrás da bola. O time do Cruzeiro era forte e raçudo, com jogadores experientes, muitos acostumados com as manhas corintianas em jogos decisivos. Formando o meio-de-campo cruzeirense, três gigantes de acanhada compleição física e avantajada técnica – Ricardinho, Fabinho e Palhinha. O Cruzeiro iniciou a partida como se todas as vontades em campo estivessem vestidas de azul. Aos 20 minutos do primeiro tempo a equipe mineira perde um gol feito. Uéslei rouba uma bola no meio do campo e toca rápido para Roberto Gaúcho, o ponta cruza, Palhinha domina e chuta, passando a bola rente à trave. O primeiro gol só sairia aos 17 minutos do segundo tempo, com Nonato. Aos 27 minutos o zagueiro Célio Lúcio faz 2 X 0, depois de pegar uma sobra na área adversária. O ataque cruzeirense perdia um gol atrás do outro, seus zagueiros começam a marcar. Aos 43 minutos, Cleisson sobe sozinho na área para marcar de cabeça 3 X 0. A torcida celeste entra em delírio com a enorme superioridade de seu time. O time paulista, que se via cada vez mais acuado, sentiu-se abandonado quando sua torcida fiel começa a deixar o estádio, como se isto pudesse evitar a goleada que já vinha à galope. Quando o árbitro se prepara para encerrar a partida, Palhinha dá números finais ao espetáculo, fechando o baile com uma elegante jogada. O placar mostra Cruzeiro 4 X 0 Corinthians. O Cruzeiro, que fez o time da Fazendinha dançar, jogou com Willian Andem, Vítor (Marcos Teixeira), Jean, Célio Lúcio e Nonato; Fabinho, Ricardinho, Uéslei e Palhinha; Marcelo Ramos (Cleisson), Roberto Gaúcho (Luis Fernando). Técnico: Levir Culpi. O Corinthians dançou em campo com Maurício; Carlos Roberto (Marquinhos), André Santos, Henrique e Silvinho; Bernardo, Marcelinho Paulista, Souza e Marcelinho Carioca (Tupãzinho); Edmundo e Leonardo (Júlio César). Técnico Eduardo Amorim.

72ª
derrota implacável

São Paulo 3 x 1 Corinthians

Morumbi, 10 de maio de 1998

Campeonato Paulista. Segunda partida das finais. O jogo vale taça! Assim se falava no interior quando se tratava de jogos que valiam título. Esta era a segunda partida das finais; e o Corinthians, por ter vencido o primeiro jogo, entraria em campo precisando apenas do empate. Doce ilusão, triste realidade. Milhares de corintianos, procedentes de vários municípios paulistas, chegaram ao estádio do Morumbi ainda de madrugada, confiantes nas apostas feitas em suas cidades e decididos a prolongarem ao máximo a festa do título. Que começasse antes, então, o foguetório, as brincadeiras entre eles e a gozação com qualquer um que cruzasse o seu caminho. Esqueceram apenas que não tinham time para enfrentar o São Paulo de Rogério Ceni; Zé Carlos, Capitão, Márcio Santos (Bordon) e Serginho; Alexandre, Fabiano, Raí (Aristizábal) e Carlos Miguel (Gallo); França e Denílson. O Corinthians entrou em campo para jogar na defesa, fechadinho num esquema tático covarde, convencido que a vitória do jogo anterior fora uma surpresa que não iria se repetir. O São Paulo, pelo contrário, entrou em campo convencido de que não perderia 2 partidas seguidas para aquele time. Começa o jogo, a torcida corintiana nas arquibancadas comporta-se muito mal, preferindo vaiar o time do São Paulo a incentivar sua equipe. Esquece-se que não se faz isto na casa dos outros, principalmente quando não se tem casa própria para jogar. Os donos da casa não perdoam, imediatamente começam a mostrar quem manda ali. Denílson, no seu último jogo antes da transferência para a Espanha, está endiabrado, seus dribles desconcertantes reduzem à nada o futebol de Gamarra, Vampeta, Rincón, Cris e Silvinho. O sistema defensivo do Corinthians logo vem a pique. França se consagra nesta partida. Foi um show de bola do São Paulo que, mais uma vez, não respeitou o time corintiano. A torcida corintiana nunca mais esquecerá o coro da torcida são-paulina que, ao final da partida, cantava numa única voz: "Não é mole não, roubar a Portuguesa pra ser vice-campeão! Não é mole não, roubar a Portuguesa pra ser vice-campeão!" Simplesmente inesquecível. O time do Corinthians, que precisou de um árbitro argentino para chegar a esta partida final, jogou com Nei, Rodrigo (Didi), Cris, Gamarra e Silvinho; Romeu (Edilson), Vampeta, Rincón e Souza (Marcelinho Paulista); Marcelinho e Mirandinha.

73ª derrota implacável

Botafogo 6 x 1 Corinthians

Maracanã, 24 de janeiro de 1999

Torneio Rio–São Paulo. Foi um baile. Do início ao final da partida foi uma festa para o Botafogo. Há 35 anos o Corinthians não tomava uma goleada como essa, a última acontecera em 1964, para um Santos impiedoso. Nesta tarde, o Botafogo não permitiu que o Corinthians visse a cor da bola, conduzindo a partida com uma facilidade raramente encontrada em treino. A diferença técnica e tática entre as equipes era escandalosa. Os jogadores corintianos em campo pareciam ausentes, distantes da ardente realidade de que faziam parte. Os jogadores do Botafogo se sentiam cada vez mais à vontade na partida, conforme o placar se ampliava. A enorme e crescente diferença técnica fez com que a torcida corintiana, depois de se calar, se ausentasse também da partida. A completa desconfiança com o atual time do Corinthians fez nascer o desprezo entre os torcedores, que agora só têm olhos para a diretoria, de quem exige providências imediatas dentro e fora de campo. Do outro lado, a torcida botafoguense não se cansa de festejar, provocando a torcida corintiana que desta vez não reage. Os comentaristas não se cansam de lembrar outra goleada fantástica de 7 X 1 do Botafogo sobre o Corinthians, em 1931. Desta vez o Corinthians foi goleado com Nei, Rodrigo, Cris, Batata e Creysler (André Santos); Romeu (Dinei), Amaral, Vampeta e Ricardinho (Fábio); Marcelinho e Mirandinha.

74ª derrota implacável

Corinthians 0 x 3 Flamengo

Pacaembu, 07 de fevereiro de 1999

Torneio Rio-São Paulo. A fiel torcida corintiana invadiu o campo novamente, mais uma vez para bater nos jogadores do seu time, entre eles Marcelinho Carioca, Gamarra, Amaral... Mais uma vez o campo invadido foi o Pacaembu, outra vez a torcida leal, de homens educados pelo trabalho honesto, se comporta como um animal enraivecido, destruindo tudo à sua frente, esquecendo-se novamente que o estádio não lhe pertence. Se não fosse a polícia militar, eterna "perseguidora" dessa gente humilde, os torcedores corintianos, fiéis sabe-se lá a que, teriam simplesmente "matado" os seus ídolos e destruído o Pacaembu. Na soma dos fatores, diante do repertório de invasões do gramado e de agressão aos jogadores, a verdadeira fidelidade a esse time chamado Corinthians tem sido demonstrada pela Polícia Militar de São Paulo. Foram tantas as tentativas de agressão àqueles jogadores que apontam como seus ídolos, tantas as tentativas de depredação de um patrimônio público que lhe é cedido, que só podemos entender que a torcida corintiana não sabe, na verdade, o significado da palavra fiel. Onde está a fidelidade dessa torcida que, ao ser provocada por Romário, logo após o seu segundo gol na partida, bandeou para seu lado, se oferecendo com aplausos e gritos de ovação ao atacante, que fizeram corar os torcedores do Flamengo presentes no estádio? Se isto é fidelidade, o que seria a infidelidade? O jogo foi um passeio para o Flamengo. Romário, impiedosamente, pintou e bordou na defesa corintiana, fazendo um gol ontológico, depois de um elástico fantástico em Amaral. Uma singela homenagem do baixinho à Rivelino, um dos ídolos do Corinthians, abandonado pela fiel torcida, que consagrou a jogada. O placar de 0 X 3 ficou barato para o Corinthians, mas seus torcedores ainda assim foram embora tristes e amargurados, desconfiados do caráter de seus jogadores.

75ª derrota implacável

Palmeiras 2 x 0 Corinthians

Morumbi, 05 de maio de 1999

Taça Libertadores da América. Quartas de final: primeiro Jogo. Os times entram em campo convictos de que a partida é uma final antecipada. Quem sair vitorioso desse confronto será campeão da América. O Corinthians nunca antes chegara tão perto deste título; o Palmeiras fora vice-campeão em 1961, perdendo no Uruguai e empatando no Pacaembu com o Peñarol. Agora, 38 anos passados, para conquistar pela primeira vez a Libertadores, o Palmeiras só precisava superar seu adversário e freguês histórico. O Corinthians fora um bom protagonista até aqui, mas não teria lugar na grande final. Os times estão em campo, Edilson e Rincon se encontram agora do outro lado, o mais fraco, que não costuma sair vencedor neste embate. O Palmeiras faz um gol em cada tempo, o suficiente para colocar o Corinthians no seu devido lugar: fora das finais do tradicional torneio sul-americano.

76ª derrota implacável

Corinthians 0 x 4 Atlético

Maracanã, 31 de outubro de 1999

Campeonato Brasileiro. Pela primeira vez em suas histórias, Corinthians e Atlético se enfrentam num jogo oficial em pleno Maracanã e, como não poderia ser diferente, o time do Parque São Jorge sofre uma goleada homérica. A animação da torcida mineira foi contagiante, mesmo antes de o jogo começar. Neste dia, em plena Cidade Maravilhosa, no maior estádio do mundo, o gavião virou galinha. E assim cantava a torcida do galo mineiro: "Dança, dança, dança a dança da bundinha. No Maracanã o gavião virou galinha". Guilherme pintou e dançou em campo; para desespero do goleiro Dida. O segundo gol do Galo foi de uma beleza rara no futebol moderno, Guilherme entrou na área corintiana com a bola dominada, facilmente se livrou do primeiro marcador, deu um chapéu de Pelé no segundo marcador e colocou para dentro do gol, fora do alcance de Dida. O show do Atlético foi tão completo como a inferioridade do Corinthians.

77ª derrota implacável

Palmeiras 3 x 2 Corinthians

Morumbi, 06 de junho de 2000

Taça Libertadores da América. Semifinais: segundo jogo. Desta vez os corintianos apostavam que seria diferente, afinal venceram o primeiro jogo da semifinal. A festa está armada novamente, foguetes comprados, cerveja encomendada, tambores afinados. Corintianos ricos e pobres prometem muita comemoração, cada um de seu lado, é claro. A paixão comum não é suficiente para misturá-los. Há uma outra festa sendo preparada pela diretoria alvinegra em alguma casa noturna da cidade. Não importa se estamos numa terça-feira fria de junho, o calor dos fiéis não será dissipado por nada. Chega a hora do jogo, o trânsito da cidade não cede, mas acusa que algo muito importante está acontecendo do lado da zona sul. Milhões de paulistas permanecem ansiosos diante da TV, aguardando o apito do árbitro autorizando o início do jogo. O campeonato marmelada do início do ano, denominado Mundial de Clubes da FIFA, não sai da lembrança dos corintianos. Aos poucos começam a entender porque ninguém levou a sério este título. Começam a entender porque este título é motivo de piada. Mas agora estavam ali, com o time em campo, prontos para provar que neste último ano do século o Corinthians era o melhor time do mundo. Na arquibancada, em casa, no trabalho, na escola, em qualquer lugar desse mundo os corintianos se encontravam unidos por uma corrente de fé, prontos para despejarem sobre os infiéis toneladas de mágoas, ressentimentos, gozações, piadas, sarcasmos, mentiras e tudo o mais que ajudaram a potencializar 90 anos de humilhação. Estavam prontos sim, prestes a vingarem gerações de corintianos que sofreram nas mãos das outras torcidas. Começa a partida. O Palmeiras entra em campo com outro ânimo. O Corinthians sente que não tem o comando do jogo. As reclamações entre os jogadores ficam mais contundentes. A torcida parece se lembrar que o time se diferencia mais em função dos jogadores falastrões que tem, do que pelos aspectos técnicos e táticos de um jogo coletivo. Marcelinho, Vampeta e Edilson estão em campo, vestindo o mesmo uniforme preto e branco. Do outro lado, vestindo a camisa verde, jogadores conscientes da importância do jogo coletivo, verdadeiros craques como Marcos, Alex e César Sampaio. O Palmeiras sai na frente, gol de Euller. Para muitos, isto era um péssimo sinal. O Corinthians logo empata em jogada duvidosa. O árbitro da partida, anos depois, seria excluído do futebol mundial. No início do segundo tempo Luisão vira o jogo. Os jogadores do Palmeiras parecem não se abalar, convencidos da superioridade do time. Alguns minutos depois o jogo está empatado novamente, num gol maravilhoso de Alex. Os falastrões se calam, começam a correr desordenadamente em campo, assustando ainda mais a torcida. Na cabeça dos corintianos mais experientes, um velho filme começa a reprisar. A torcida do Palmeiras sabe da fragilidade psicológica do adversário, passando a incentivar ainda mais o seu time. Logo Galeano faz o terceiro gol, selando o placar da partida. Os corintianos não queriam acreditar, mas o Palmeiras se impôs mais uma vez ao Corinthians, vencendo o jogo. A decisão agora iria para os pênaltis. O Palmeiras contava com Marcos e o Corinthians com Marcelinho Carioca. Era muita vantagem para um lado só. O Palmeiras converteu os 5 pênaltis, o Corinthians desperdiçou um só, mas foi o que bastou para levar o Palmeiras à final da Libertadores e fazer o Corinthians retornar à sua posição de figurante nos torneios internacionais sérios. Não é preciso dizer quem perdeu o pênalti, certo?

78ª
derrota implacável

Corinthians 1 x 4 Flamengo

Pacaembu, 16 de novembro de 2000

Campeonato Brasileiro. Mais uma vez o torcedor corintiano invade o campo do Pacaembu para intimidar os jogadores de seu time. Marcelinho é um dos mais visados. O Corinthians faz sua pior campanha no Campeonato Brasileiro. A torcida exige raça, poucos jogadores escapam às ameaças. A postura do time em campo é humilhante, a torcida que já chegou ao estádio revoltada vai à loucura. O que mais irrita a torcida corintiana, além facilidade com que o Flamengo abre 3 X 0, é não ter do outro lado da arquibancada a torcida rubro-negra, que tanto admira e lhe inspira. A equipe carioca também veio para o jogo sem chances de classificação. Mesmo assim, jogando como quis, meteu quatro, depois parou. Para a torcida corintiana, a diferença entre as equipes está no fato de o Flamengo ter craques no time. O Corinthians, do técnico Candinho, ameaçado por sua própria torcida, não jogou e perdeu com Maurício, Fábio Luciano, Scheidt, Kléber, Rogério, Índio; Marcelinho Carioca, Márcio Costa (Rodrigo Pontes), Ricardinho, Dinei (Ewerton) e Fernando Baiano. O Flamengo do técnico Zagallo jogou com Júlio César, Fernando, Juan, Bruno Carvalho, Maurinho; Alex (Alessandro), Jorginho, Petkovic, Rocha, Edilson e Reinaldo (Rodrigo Gral).

79ª derrota implacável

São Caetano 3 x 0 Corinthians

Anacleto Campanella, 08 de agosto de 2002

Campeonato Paulista. O São Caetano, um dos times caçulas do futebol paulista, parece ter sido criado para ser vice-campeão e para bater no Corinthians, quase sempre repetindo o placar de 3 X 0. Nesta partida não foi diferente, o Corinthians entrou em campo para cumprir seu papel de sparring do São Caetano. Os jogos em seu estádio contra o Corinthians faz a alegria da diretoria do azulão, pois junto aos três pontos da vitória certa, o clube pode encher as burras com a afluência em peso da torcida corintiana, que sempre lota o Anacleto Campanella para ver seu time perder para o São Caetano.

80ª derrota implacável

Corinthians 0 x 2 Santos

Morumbi, 08 de dezembro de 2002

Campeonato Brasileiro. Primeiro jogo da Final. Estádio lotado, quase 100 mil torcedores presentes para assistir ao show de uma dupla angelical, Diego e Robinho, ainda garotos de 17 e 18 anos, respectivamente. A torcida corintiana compareceu em massa mais uma vez. Outra vez teve um comportamento exemplar, quando soube apreciar e aplaudir o melhor futebol do time praiano. Aliás, seu nome nos jogos contra o Santos deveria ser outro, pois definitivamente são fiéis ao futebol-arte e também honestos, quando aceitam e reconhecem o talento e a superioridade do time santista. Esta imensa torcida modifica o seu comportamento nos jogos contra o Santos. A mudança de comportamento não é de agora, vem de longe, da primeira partida entre estes dois gigantes do futebol brasileiro. Não são poucos os torcedores a confirmarem que na década de 1960 não eram poucos os corintianos que orgulhosos diziam ser o Santos o Corinthians na Libertadores. Nunca faltou caráter à torcida corintiana para vibrar com o talento de um Millon, de um Feitiço, de um Araken, de um Del Vecchio, de um Pelé, de um Robinho e de um Neymar. Neste mesmo campeonato, um gol de bicicleta de Alberto foi aplaudido em todos os setores do estádio. Mas no primeiro jogo desta final, o grande destaque da partida foi Diego, que armou o jogo como quis, mesmo que literalmente caçado em campo. Foi um passeio da equipe santista, Alberto e depois Renato estufaram a rede corintiana. Apesar da flagrante superioridade da equipe santista, o regulamento deveria ser respeitado, uma semana depois, para desespero dos jogadores do Corinthians, eles deveriam enfrentar novamente os meninos da Vila.

81ª derrota implacável

Corinthians 2 x 3 Santos

Morumbi, 15 de dezembro de 2002

Campeonato Brasileiro. Segundo jogo da Final. Quando Robinho parte para cima de Rogério, o zagueiro sabe que será driblado, a jogada está desenhada, o atacante e o beque já sabem qual será o seu desfecho. Por alguns segundos o estádio fica no mais completo silêncio, o lado dramático do futebol se faz presente no duelo de morte entre os dois jogadores. Milhões de telespectadores assistem uma morte anunciada, mas nada fazem para impedi-la, ninguém se manifesta, nada, absolutamente nada poderá interferir no duelo que irá estigmatizar para sempre os dois jogadores, os dois colegas de profissão; um será sempre o herói, o outro apenas a vítima. Ao zagueiro resta o gesto do desespero, gesto solitário da reclamação, num braço desorientado que se ergue em direção a Deus, porque sente que todos ali, jogadores e torcida o culpam, lhe dão as costas, o expõem ao desprezo. Mesmo vestindo uma camisa igual a outros tantos no estádio, ele está sozinho naquele instante. A torcida não protestou contra o pênalti marcado, nenhum jogador de seu time foi solidário com sua reclamação contra a marcação do árbitro. Este lance define o jogo. O Corinthians àquela altura da partida, ainda vence, mas o time e a torcida já não acreditam na vitória, sabem que é uma questão de tempo, e que mais uma vez irão fazer o papel do bom coadjuvante, tomando parte na conquista do adversário, do mesmo adversário que tantas vezes o venceu, mas que nunca pôde odiar. O Santos mais uma vez não foge ao seu papel de algoz. Elano logo fará o segundo do Santos, empatando a partida em 2 x 2, na conclusão de outra jogada fantástica de Robinho. Nos últimos minutos de partida, depois de humilhar Cléber e Vampeta, que ainda procuram a bola, Robinho encontra Léo entrando no meio da defesa corintiana, que recebe a bola, dá um corte no zagueiro e fuzila o gol de Doni – Santos 3 X 2. Não há mais tempo para ampliar. O Corinthians está derrotado. À torcida restou o consolo de perder para o Santos, o time tantas vezes campeão.

82ª
derrota implacável

São Paulo 3 x 0 Corinthians

Morumbi, 12 de outubro de 2003

Campeonato Brasileiro. O Corinthians vem se arrastando no campeonato. Virou saco de pancada, inclusive dos times do interior, que já contam com os 3 pontos antes mesmo de enfrentá-lo. Nesta partida contra o São Paulo não foi diferente, o time em campo mostrou pouquíssima técnica e excessivo conformismo com a vitória adversária. O São Paulo só se preocupou em garantir a vitória, enfiando como bem quis os 3 gols de que precisava. Fábio Simplício, inclusive, fez um gol de calcanhar. O Corinthians, mais uma vez, entrou em campo vencido, preocupado apenas em prestigiar o novo técnico, recém-contratado, mas Júnior caiu logo após a partida, diante de mais uma vitória tricolor. O São Paulo mais uma vez comportou-se com muita gentileza, evitando uma goleada mais elástica e uma reação ainda mais violenta da torcida corintiana, que sempre se esquecia de que não estava em sua própria casa. Aliás, o Corinthians que continuava sem casa, agora estava também sem rumo.

83ª derrota implacável

Grêmio 3 x 0 Corinthians

Olímpico, 14 de dezembro de 2003

Campeonato Brasileiro. Há quase seis meses o Grêmio se encontra na zona de rebaixamento, em pleno ano de seu centenário. Mesmo assim o estádio está lotado. A torcida tricolor parece ter adotado também esse hábito argentino de procurar o orgasmo na própria dor. O Grêmio vai para cima e o Corinthians parece gostar, pois se acomoda nesta posição durante toda a partida. Aos poucos, com cuidado, o Grêmio vai enfiando um gol depois do outro. Não há reação. Se existisse limite moral no futebol, o melhor seria cancelar essa partida, apagá-la da história de ambas as equipes. O Corinthians consegue tirar o Grêmio da zona de rebaixamento; temporariamente, é bom que se diga. Por outros aspectos, essa partida será inesquecível. Com o seu desempenho na partida, o lendário Vamp começa a entrar em sintonia com a crítica esportiva, convencendo-se que o tempo do fim já passou. Fiquemos na memória com as plásticas e engraçadíssimas cambalhotas na rampa do Palácio do Planalto. Deixará mais saudade do que as últimas apresentações em campo.

84ª derrota implacável

Vitória 2 x 0 Corinthians

Barradão, 19 de maio de 2004

Copa do Brasil. Quartas de final. O Corinthians chega ao estádio sabendo que precisará de algo mais para vencer essa partida. O time do Vitória é tecnicamente superior ao elenco corintiano. O fato de se encontrar em Salvador talvez tenha ajudado o time corintiano a acreditar numa improvável vitória. Há muito a torcida corintiana se acostumara a alimentar a esperança de que algo extracampo campo ocorra nestas horas em favor de seu time; mas sempre por ação dos homens, e não dos santos. Mas desta vez a ajuda não viria, em campo apenas 11 contra 11. No entanto, o equilíbrio terminava aqui. De um lado, vestindo a camisa rubro-negra, jogadores talentosos, promissores. Do outro, jogadores conhecidos, com expressivo espaço na mídia nacional. Era pouco, logo o time do Vitória tomou conta da partida, impôs seu jogo e fez o suficiente para avançar na competição. O técnico Oswaldo Oliveira colocou em campo Fábio Costa; Váldson, Ânderson, Fabinho, Rogério; Renato (Rodrigo), Rincón, Wendel (Coelho), Gil, Jô e Marcelo Ramos (Bobô). O Vitória, do técnico Agnaldo Lis, jogou com Juninho; Adaílton, Alex Silva, Paulo Rodrigues, Pedro Silva (Carlinhos); Cléber Santana, Magnum, Vinícius, Xavier, Edilson (Arivelton), Obina (Marcelo Heleno).

85ª derrota implacável

Corinthians 0 x 5 Atlético - PR

Pacaembu, 23 de maio de 2004

Campeonato Brasileiro. Mais uma partida vergonhosa do Corinthians. Outra vez o palco é o Estádio do Pacaembu. E lá está novamente a famosa torcida, de posse de sua fiel impaciência, pronta como sempre para espancar os jogadores da vez. É o velho filme que se repete. Em campo o time do Atlético Paranaense arrasa o Corinthians. Os jogadores atleticanos chegam a desprezar a defesa corintiana. Jadson e Dagoberto acabam com o jogo, marcando os 5 gols da partida. Os jogadores do Corinthians não ganham uma dividida sequer. No primeiro gol, Jadson só não entrou com bola e tudo para preservar os jogadores corintianos da fúria da torcida. O segundo gol sai depois de uma sequência de chapéus, aplicados com arte em vários jogadores corintianos do lado esquerdo de sua defesa. O terceiro gol saiu de uma cobrança de falta, Jadson bate na bola com tamanha perfeição que Fábio Costa nem viu por onde ela passou. Com este gol o copo de paciência da torcida transborda. Imediatamente o campo é invadido. A chatice de sempre se repete. A cena é a mesma de tantas vezes, mudam apenas os atores, porque os personagens são os de sempre. Lá estão os fiéis torcedores do Corinthians, prontos para aplicarem voluntariamente o corretivo necessário no próprio time; os jogadores do time adversário, que se divertem às pampas, continuam fazendo caras de sério; o trio de árbitros, escondido atrás da proteção policial; os soldados da polícia militar, alguns já com roupas apropriadas esperam o momento para correrem atrás dos torcedores-invasores-fiéis-voluntários e, finalmente, os jogadores do Corinthians, divididos entre aqueles que querem que a polícia baixe o cacete e os que se esforçam para amenizar os ânimos de policiais e torcedores.

86ª
derrota implacável

Corinthians 2 x 3 Santos

Pacaembu, 4 de julho de 2004

Campeonato Brasileiro. Pequeno tabu. Há mais de 4 anos o Corinthians não vence o Santos. A torcida declaradamente santista é maior na casa corintiana. A tal fidelidade definitivamente mudou de endereço. A má fase do time fez com que a torcida desaparecesse. Entre os corintianos presentes, boa parte foi ao campo para ver de perto o futebol moleque de Robinho, o futebol solidário de Elano e Basílio, a visão de jogo de Ricardinho e a irreverência do goleiro Tapia. Começa a partida, a superioridade do time santista não é só no papel, pelo contrário, se revela em cada jogada. O placar do primeiro tempo, 1 X 1, faz parte das ironias do jogo. Elano abriu a contagem logo aos 7 minutos. Rogério, aquele mesmo das pedaladas, empatou de pênalti, que não existiu, aos 44. No segundo tempo a torcida corintiana esqueceu de vez o seu time, concentrando toda sua atenção nas jogadas rápidas da equipe santista.

Assim pôde se antecipar ao lance que levaria ao segundo gol do Santos, apontando para os jogadores a jogada desenhada para o gol de Basílio. O Santos passeava em campo, aos 41 minutos Deivid faz o terceiro, encerrando praticamente a partida. No último minuto, quando os jogadores já davam por encerrado o jogo, o Corinthians encontra mais um golzinho. Mas já não adiantava nada, o Santos subira a serra para vencer e novamente saia vitorioso sobre seu fiel sparring. Diante de uma goleada apenas ensaiada, a torcida corintiana foi para casa satisfeita com a magra derrota de 3 X 2.

87ª derrota implacável

Santos 3 x 0 Corinthians

Vila Belmiro, 13 de fevereiro de 2005*

Campeonato Paulista. Continua o pequeno tabu. Há mais de 5 anos o Corinthians não vence o Santos. O Corinthians entra em campo assustado, o que é compreensível, pois virara saco de pancada do Santos de Robinho. Não se sabe muito bem por que, mas dizer "o Santos de Pelé", "o Santos de Robinho" parece confortar de alguma forma a fiel torcida. Como se isto amenizasse as surras que levaram. Robinho vestindo a camisa do Santos nunca perdeu para o Corinthians. Os jogadores do

* Ano em que a MSI sujou o futebol brasileiro. Grande vergonha. O Corinthians deveria devolver este título.

Corinthians entram em campo nervosos, pois acreditam nessas coisas. Entre eles, parecendo meio desorientado, o tal do Teves, aquele jogador que a torcida corintiana resolveu chamar de rei. O aclamado "rei Teves" entra em campo de boca aberta. Joga de boca aberta. Perde de boca aberta. Sai de campo de boca aberta. Mas nada fala e jamais saberemos a razão, pois ele não fala a nossa língua; a rigor, língua alguma. Não há como saber se ele sabia que naquele gramado Pelé reinou absoluto. O que importa é que nesta acanhada Vila Belmiro, mas imortalizada pelos grandes feitos que assistiu, Pelé reinou como um soberano justo e generoso, que tinha na humildade e respeito à mediocridade do outro sua principal virtude. Pelé soube, como nenhum outro, dividir suas glórias com seu time, com seus companheiros e sua torcida. Pelé foi às alturas, mas jamais se esqueceu daqueles que o ajudaram na escalada. Pelé foi gênio reconhecido no mundo todo, mas nunca perdeu a serenidade. Mas agora a Vila Belmiro era obrigada a assistir uma cena patética. O Corinthians entra em campo com o tal do Teves e sua torcida o chamando de rei. É constrangedor. Quem em sã consciência poderia imaginar tamanha insensatez? Uma das maiores torcidas brasileiras, tantas vezes imolada por Pelé, aclamar o tal do Teves como rei é um absurdo sem tamanho, que a Pátria do futebol não merece. O tal rei não consegue entender o que se passa, não deseja tal título, não espera qualquer honraria, porque ali se encontra por um único motivo: MONEY! É isto, e nada mais. O dinheiro, só o dinheiro lhe interessa, seu destino é o além mar, terras que já têm sua realeza e parece livre de tal insensatez. Mas para a massa isto não importa. Eles sonham com um rei e este tal do Teves é a sua cara. O jogador por sua vez não está nem aí, não demonstra o menor interesse em aprender a língua de seus súditos torcedores. E isto também não importa para a massa. Que impulso é esse de abandono do desejo de liberdade? Para que se curvar àquele que despreza tal ignomínia? Enxergar um rei no lugar do caudilho que desejam, é algo que só poderia acontecer com essa massa que se autoproclama fiel, mas que sempre encontrou um jeito de escorraçar os verdadeiros heróis corintianos. Esta mesma torcida que hoje proclama rei o tal do Teves, um dia foi capaz de enxotar jogadores como Rivelino e Gilmar do Santos Neves. E com o tal do Teves, o que foi que aconteceu? Aconteceu que o cara, que eles elegeram rei, foi embora sem dizer um tchau. Sem deixar um mísero bilhete. O tal do Teves não se deu ao trabalho de se despedir, saindo sorrateiramente na calada da noite, sem dar qualquer satisfação. O rei Teves simplesmente abandonou o reino e os súditos. E o que é pior, como se o pior ainda fosse possível, milhões de corintianos ainda desejam a sua volta. O tal do Teves foi embora como quem vem para não ficar, como quem despreza aquele que reclama a sua permanência; mas mesmo assim milhões de corintianos esperam pelo seu retorno. O tal do Teves nunca esteve aqui de verdade. O desafio é entender por que a torcida corintiana o coroou rei, não fazendo o mesmo com Neco, Teleco, Claúdio, Luizinho, Baltazar, Idário, Rivelino, Wladimir, Biro-Biro, Sócrates, Zenon, Neto, Marcelinho ou Nilmar? O que realmente move esta torcida? Mal o jogo começa, Robinho toma conta da partida. Numa jogada de craque, deixa Léo em condição de marcar, Santos 1 X 0. O segundo tempo promete ser diferente, Betão volta a campo demonstrando grande vontade de participar da partida. Quando Robinho faz 2 X 0, é possível enxergá-lo correndo logo atrás do atacante. Em outra jogada, Robinho faz 3 X 0, depois de uma tabelinha perfeita com Betão. O jogo se transforma num bombardeio do ataque santista à meta corintiana. A goleada está mais do que na cara. O time corintiano não consegue escapar do baile anunciado. O baile santista mais uma vez tem como convidado o Corinthians, velho freguês. Final de jogo, o Corinthians perde só de 3 X 0. A pequena torcida fiel sobe a serra feliz, parece só se importar agora com o seu rei, o tal do Teves. Somada à conivência de parte da mídia esportiva do país, não poderia existir afronta maior ao futebol brasileiro.

88ª
derrota implacável

São Paulo 5 x 1 Corinthians

Pacaembu, 8 de maio de 2005

Campeonato Brasileiro. Esta partida faz parte de mais uma grande vergonha do futebol brasileiro. Ao final desta goleada histórica do São Paulo, muitos torcedores e cronistas esportivos estavam convencidos que os jogadores do Corinthians tinham acabado de derrubar o técnico argentino Passarella. Até aqui, sem novidades, todos sabem que jogador derruba técnico. O que importa registrar é que ao final da partida, confirmada a demissão, ninguém estava mais tranquilo e feliz do que o técnico demitido. Daniel Passarella tinha agora uma indenização milionária para receber. Para muitos, um verdadeiro absurdo. É justo perguntar quem se beneficiou com a indenização milionária? A torcida que arrebentou os alambrados e enfrentou a polícia pedindo sua cabeça? O time adversário que se impôs em campo ganhando de goleada? Ou a diretoria do Corinthians que assinou o contrato com tão absurda indenização? Quem lá estava de plantão? A torcida trabalhadora já esqueceu esta história? Quem jogou nesta partida?

89ª derrota implacável

Corinthians 0 x 3 Santos

Pacaembu, 5 de outubro de 2006

Campeonato Brasileiro. Foi mais um jogo fácil para o Santos no estádio onde o Corinthians mais perdeu do que venceu a equipe santista. A torcida corintiana lota o Pacaembu, boa parte está atenta às jogadas de Zé Roberto. No momento, este jogador com a camisa do Santos deixa a torcida corintiana inebriada. O meio-de-campo do Santos é puro talento: Maldonado, Cléber Santana, Rodrigo Tabata e Zé Roberto anulam completamente as ações do Corinthians. O primeiro gol sai de uma cobrança de falta de Kléber, outro craque formado no tal do terrão, que a torcida corintiana desprezou. Leandro faz 2 X 0 para o Santos, em outra jogada de craque de Kléber. O terceiro gol sai de um toque sutil de Zé Roberto, depois de uma jogada maravilhosa de Rodrigo Tabata. O Corinthians continua fazendo do Pacaembu um local de martírio para sua torcida. É impressionante a quantidade de derrotas em partidas decisivas que o Corinthians sofreu neste estádio; mesmo assim a torcida quer ser dona do estádio. Contra o Santos, então, é batata! Outra vez o Corinthians foi humilhado, mais uma vez a torcida só não sai desnorteada porque pôde assistir mais um belo espetáculo do admirável Santos Futebol Clube, que agora chamam de "o Santos de Zé Roberto".

90ª derrota implacável

Corinthians 0 x 3 Náutico

Morumbi, 22 de julho de 2007.

Campeonato Brasileiro. Mais uma vez o Corinthians veio ao Morumbi para lutar como um leão, mas acabou vencido como um gnu. O Náutico, por sua vez, veio a campo sabendo que enfrentaria um time que, ultimamente, vem se comportando como freguês. Se compararmos as escalações, fica difícil apontar quem é o time rico nesta história. Mas o desempenho dos jogadores em campo tornou fácil esta resposta. O quase intransponível Felipe jogou muito, impedindo pelo menos 4 gols certos do Náutico. No primeiro gol, o zagueiro corintiano cochilou, praticamente ficou assistindo Ferreira lhe tirar a bola, mandando-a para o fundo das redes. No segundo gol, o quase infalível zagueiro Betão tocou com força no cantinho do gol de Felipe; Náutico 2 X 0. No terceiro gol, o atacante Felipe tornou o placar um pouco mais justo com o que foi a partida, fazendo Náutico 3 X 0.

91ª derrota implacável

São Paulo 3 x 1 Corinthians

Morumbi, 11 fevereiro de 2007

Campeonato Paulista. Prevendo para este ano ainda uma enorme tristeza para o adversário, o São Paulo se comporta como um gentleman nesta partida, metendo apenas 3 gols na meta corintiana. A diretoria corintiana, de uma peculiaridade única, sendo ao mesmo tempo situação-oposição-situação ou oposição-situação-oposição, parecia entregar à própria sorte o destino de uma equipe de enormes deficiências técnicas e táticas, pois vontade não parecia faltar àqueles jogadores. Quanto à tristeza da torcida, a diretoria nada poderia fazer, pois já contava com seu apoio irrestrito. Mexer no time não parecia ser inteligente, uma vez que a torcida demonstrava, além do apoio irrestrito, uma certa melancolia anunciatória de um desejo de purificação através da dor ou de um sofrimento purificador que só quem é corintiano sabe o que é. Tudo indicava que o time caminhava para o precipício neste ano, e daí, o que importa é diretoria e torcida estarem juntas mais uma vez, de mãos dadas, numa união comovente, imune a todo e qualquer planejamento, organização e senso crítico, como se isto não passasse de um barbarismo moderno.

92ª
derrota implacável

Sport 2 x 0 Corinthians

Ilha do Retiro, 11 de junho de 2008

Copa do Brasil. Final. O Corinthians entrou em campo acreditando que a partida seria uma repetição do jogo anterior, quando venceu em São Paulo por 3 X 1. Ledo engano. As arquibancadas agora estavam pintadas com as cores amarela e vermelha. As bandeiras do Sport não paravam um só instante. Decididamente era um outro jogo, agora sim era a partida final da Copa do Brasil. O Sport inicia a partida seguro de sua força no ataque. No ritmo de sua torcida, vai para cima da defesa corintiana com a determinação de um campeão. O Corinthians se encolhe como quem está satisfeito com o vice-campeonato. Desde o primeiro minuto é ataque contra defesa. Aos 35 minutos, dominando um belíssimo lançamento de Luciano Henrique, Carlinhos Bala domina a bola e fuzila para o fundo das redes do Corinthians. Sport 1 X 0. Quatro minutos e vários escanteios depois o Sport marca 2 X 0, numa falha vergonhosa de Felipe, que aceita entre as pernas a bola chutada de fora da área por Luciano Henrique. No segundo tempo, jogando como um legítimo campeão, o Sport coloca o Corinthians na roda. Sem estrutura psicológica para suportar o domínio adversário, os jogadores corintianos lançam mão da velha, irritante e covarde estratégia argentina do empurra-empurra. Com o medo de levar uma goleada daquelas, os jogadores do Corinthians param as jogadas com repetidas faltas que fazem o tempo passar. A torcida pernambucana logo se dá conta de que o Corinthians parece se dar por satisfeito com a condição de vice-campeão. Resignado, o Corinthians sai derrotado de mais uma final, com sua torcida cada vez mais convencida de que não será fácil ver seu time vencer uma final fora de casa.

93ª derrota implacável

Santos 3 x 1 Corinthians

Vila Belmiro, 31 de maio de 2009

Campeonato Brasileiro. Outra vitória fácil do Santos. Quando o árbitro é neutro, dificilmente o Corinthians vence o Santos. Desta vez o juiz até tentou, validando um gol em impedimento do Corinthians, mas o Santos de Neymar não deu a mínima chance para a equipe corintiana. É impressionante, mas comentando a partida, um ex-árbitro, mesmo aposentado e com o recurso do videotape, ainda insiste em querer roubar para o Corinthians, ao dizer para todo o país que o gol do Santos não era válido, pois a bola não havia entrado completamente. Mas isto conta pouco, para a torcida corintiana o que importa é ver o time do Santos jogar com alegria o futebol moleque de sempre. Ganso fez 1 X 0, depois de um passe de Luizinho. Ganso fez 2 X 0, depois de uma rebatida de Júlio César a um chute de Kleber Pereira. Com três jogadores impedidos, de forma irregular, Renato fez o único gol do Corinthians. Madson 3 X 1, depois de um passe certeiro de Germano. O Santos passeou em campo com Fábio Costa; Luizinho

(Pará), Fabão, Fabiano Eller e Léo (Germano); Roberto Brum, Rodrigo Souto, Ganso, Madson e Molina (Neymar); Kléber Pereira. O Corinthians escapou de uma goleada com Júlio César; Diogo, Jean, Renato e Wellington Saci (Bruno Bertucci); Jucilei (Marcinho), Moradei (Jadson), Boquita e Morais; Lulinha e Souza.

94ª derrota implacável

Corinthians 1 x 4 Goiás

Pacaembu, 20 de setembro de 2009

Campeonato Brasileiro. O placar não expressa o que foi a partida. O domínio do Goiás em campo foi simplesmente absoluto, o time do Corinthians ficou na roda praticamente o jogo todo. O verde da camisa do Goiás parece abalar ontologicamente o Corinthians, que se mostra sempre submisso ao enfrentar este adversário. Até o técnico corintiano parecia desorientado em campo, enquanto seu time lembrava um amontoado de jogadores, assistia o adversário se impor em campo desde os primeiros momentos da partida. O goleiro Felipe conseguiu destacar-se em campo, mais pela camisa que vestia do que pelas defesas que deveria ter feito. Sua camisa de pijama remetia a imaginação dos torcedores para o picadeiro de um circo, onde apenas um dos times parecia correr, enquanto o outro preferia permanecer observando. Logo após o primeiro gol do Goiás, marcado aos 8 minutos, os jogadores corintianos já davam a impressão de que apenas esperavam pelo fim da partida. Quando Fernandão faz 2 X 0, depois de Elias perder a bola numa saída de jogo, a defesa corintiana parece pregada no chão, assistindo a jogada quando dela deveria participar. As facilidades encontradas pelo Goiás não incomodam também os torcedores nas arquibancadas, satisfeitos com a vaga já conquistada para a Libertadores; esquecendo-se das pífias campanhas do time neste torneio. Léo Lima, Júlio César, Fernandão e Iarlei passam o jogo brincando de esconde-esconde com o time corintiano. Os jogadores alvinegros parecem guardar suas forças para fazer um outro time campeão e não o Corinthians. Só por isso o campeonato não terminou para eles. Enquanto isto, a torcida, que parece não pagar pelo ingresso e condução, continua indo ao estádio, incentivando sabe-se lá quem, mas encontrando futebol apenas no time adversário. Ainda mais patético é o desempenho corintiano se confrontarmos a postura do time em campo com o já repetitivo slogan adversário do "centenário sem ter nada", que seu marketing não se preparou para enfrentar.

95ª derrota implacável

Avaí 3 x 1 Corinthians

Ressacada, 15 de novembro de 2009

Campeonato Brasileiro. Os dois times voltaram a se encontrar depois de terem se enfrentado no ano anterior pela Série B, quando protagonizaram um espetáculo deprimente em pleno Pacaembu, trocando o futebol por um pugilato de criança, de muito choro e poucos golpes. Neste confronto, o Avaí, já livre do trauma da segunda divisão, resolveu jogar futebol, premiando sua torcida com uma bela exibição no esporte que ela pagou para assistir. O que chamou a atenção durante toda a partida foi a incrível facilidade que o Avaí encontrou para se impor ao Corinthians. Seus jogadores, desde o início, pareciam assustados, com a atenção desviada para fora do gramado. Quem foi à ressacada para ver Ronaldo, acabou aplaudindo William, pela sua fome de gol e senso de oportunidade; quem foi ver Defederico, mal o enxergou em campo, surpreendendo-se com a mobilidade de Léo Gago. O domínio do Avaí era absoluto, o azul e branco parecia ocupar todos os espaços do campo de jogo. O roxo e preto da camisa corintiana lembrava um manto fúnebre a anunciar um 2010 ainda mais melancólico para sua torcida. O Avaí venceu de forma inquestionável com Eduardo Martini; Rafael, Augusto e Emerson; Luís Ricardo, Ferdinando, Léo Gago, Marquinhos, Caio e Eltinho; William. O Corinthians, assustado, apanhou com Felipe; Jucilei, Chicão, Paulo André e Balbuena; Elias, Edu e Boquita; Defederico, Dentinho e Ronaldo.

96ª derrota implacável

Santos 2 x 1 Corinthians

Vila Belmiro, 28 de fevereiro de 2010

Campeonato Paulista. Este foi o jogo que Neymar penteou Chicão. O Corinthians desceu a serra para perder de pouco. Conseguiu, mas não pelos seus méritos. A molecagem de Neymar,

Ganso e André encantou mais uma vez os apaixonados por futebol. O placar apertado representou apenas o completo domínio que o Santos sempre teve da partida. Os meninos se desinteressaram de fazer gols, preferindo mais uma demonstração de um futebol alegre e cheio de ginga. Este talvez tenha sido o presente de aniversário da equipe santista para o centenário do Corinthians. Mais uma derrota com sabor de vitória para os corintianos; primeiro pelo placar acanhado, depois pela aula de futebol. Dizem que os corintianos que descem com o time para enfrentar o Santos são aqueles que gostam verdadeiramente de futebol; depois do Corinthians. No ano do seu centenário, o Corinthians foi colocado na roda com Felipe; Alessandro (Moacir), Chicão, William e Roberto Carlos; Ralf (Jucilei), Elias, Tcheco e Jorge Henrique; Dentinho (Iarley) e Ronaldo. Técnico: Mano Menezes. O Santos presenteou a torcida corintiana com Felipe; Roberto Brum (Madson), Edu Dracena, Durval e Pará (Germano); Arouca, Wesley, Marquinhos (Breitner) e Ganso; Neymar e André. Técnico: Dorival Júnior

97ª derrota implacável

Ponte Preta 2 x 1 Corinthians

Moisés Lucarelli, 03 de março de 2010

Campeonato Paulista. Esta partida encerra uma série de jogos invictos do Corinthians pelo Campeonato Paulista. Pouco importa para os jogadores ponte-pretanos tratar-se do centenário do Corinthians. Desta vez a Ponte Preta não veio para abrilhantar a festa corintiana. Com um contra-ataque afiado, a Ponte foi, desde o início, muito mais perigosa em campo. Logo aos 12 minutos o atacante Guilherme acertou a trave de Felipe. No entanto, quem acabou com a partida foi o rejeitado Finazzi, que sofreu um pênalti e marcou o segundo gol. Dispensado pelo Corinthians, dizendo não ter recebido tudo o que lhe deviam, Finazzi entrou em campo mordido, disposto a se vingar do tratamento recebido no Parque São Jorge. Jogou apenas os minutos suficientes para levar seu time à vitória. O Corinthians, com Mano Menezes no banco, perdeu com Felipe; Alessandro, Chicão, William e Escudero (Tcheco); Jucilei, Edu, Boquita e Danilo (Morais); Dentinho e Iarley (Edno). A Ponte Preta, desta vez não convidada para a festa, jogou com Eduardo Martini; Edilson, Jean, Léo Oliveira e Vicente; Deda (Danilo Portugal), Guilherme, Manteiga, Tinga (Finazzi) e Fabiano Gadelha; Leandrinho (Galiardo). Técnico: Sérgio Guedes.

98ª derrota implacável

Grêmio Prudente 1 x 0 Corinthians

Prudentão, 21 de março de 2010

Campeonato Paulista. No papel o Corinthians poderia finalmente ser um timão, com jogadores suficientes para montar dois elencos e disputar 3 campeonatos consecutivos. Mas se tratando de Corinthians, o elenco em campo estará sempre muito distante do prometido. No papel seus jogadores estão mais motivados, mais unidos, mais agradecidos a Deus e mais magros do que se mostram em campo. Assim o Corinthians começou o Campeonato Paulista deste ano, não rendendo a metade do investimento feito. Para esta partida contra a jovem equipe, que acabara de trocar sua naturalidade, chamando-se agora Grêmio Prudente, o time do Corinthians se apresentou com seu superelenco acreditando tratar-se de um supertime, esquecendo-se de combinar com o adversário que, sem saber disto, acabou vencendo o jogo com grande facilidade. Por esta partida, fica a impressão de que o Corinthians apenas inchou o elenco, quando poderia ter contratado por bem menos, jogadores bem melhores, como o goleiro Márcio e o centroavante Robson, que atuando pelo adversário, também recém-montado, acabaram com a partida nesta tarde. Neste ano do seu centenário, coisas admiráveis começam a acontecer no Corinthians. A preguiça do time parece contagiar a torcida, que tem demonstrado preguiça de ir ao estádio e preguiça de vaiar a equipe. O time titular do técnico não coincide com o da torcida. Principalmente no estratégico meio-de-campo, que recebeu os maiores investimentos, as divergências parecem ainda maiores, para alguns intransponíveis. O peso dos 100 anos tem se mostrado carga excessiva para o time que entra em campo. O lado supersticioso da torcida, o lado maior, cabe dizer, já começa a acreditar que essa coisa de um século dá azar, é zica pura. A nobre diretoria, nobre e notável como diriam alguns, com um projeto impecável de marketing, enxergando muito à frente, demonstra não se abalar com os tropeços que se repetem e com o quase certo que não se confirma. Confiante nas braçadas em águas mornas e límpidas, de repente se vê apenas com as braçadas incertas em águas frias e revoltas. A torcida desconfia, desta vez não morde a isca, prefere esperar. Nos minutos finais desta partida, a ajuda da arbitragem não é suficiente para que o time alcance em campo o empate. Mais uma vez a cidade de Presidente Prudente não se rende ao peso do elenco corintiano. Agora na galeria dos algozes do Corinthians também se encontra a fotografia do recém-montado Grêmio Prudente, que nesta tarde de domingo venceu com Márcio; Paulão, Leonardo e Diego; Paulo César (Sasha), Marcos Assunção, João Vítor, Wesley (Robson) e Denis; Tadeu e Flavinho (Henrique Dias). Técnico: Toninho Cecílio. O Corinthians, fortíssimo no papel, perdeu com Júlio César; Moacir, Paulo André, Leandro Castán e Roberto Carlos; Ralf, Edu (Elias), Tcheco e Danilo (Dentinho); Jorge Henrique (Iarley) e Souza. Técnico: Mano Menezes.

99ª derrota implacável

Corinthians 0 x 1 Paulista

Arena Barueri, 24 de março de 2010

Campeonato Paulista. O Corinthians entra em campo para disputar essa partida em quarto lugar na tabela de classificação. A crônica esportiva lembra que é a sétima partida do time na Arena Barueri, onde nunca perdeu. O Paulista chega a Barueri em antepenúltimo lugar, com os mesmos 11 pontos do último colocado. O Corinthians entra em campo com o time que a torcida considera titular, com todas as "estrelas" contratadas para a temporada de 2010. O Fenômeno inicia a partida vestindo a camisa 9, a mesma do ano anterior, mas não consegue repetir as jogadas 2009. O Paulista pisa no gramado preocupado com os demais jogos da rodada. O Corinthians sabe que depende apenas de si mesmo, mas para a torcida isto diz muito pouco, já que o time vem de uma derrota de 2 X 0, em Presidente Prudente, para o Grêmio local. O Paulista vem de vitória, 1 X 0 sobre o Botafogo SP. Começa a partida. O primeiro tempo se desenvolve sonolento, mas com inegável domínio do time de Jundiaí. Foram apenas duas finalizações. No segundo tempo, a entrada de Iarley, mais uma vez trouxe vontade ao time. Mas foi pouco, o Paulista cresceu muito mais, merecendo um placar bem mais elástico. O Paulista ganhou com Vinícius; Lucas (Modesto), Márcio Santos, Eli Sabiá e Rafael; Baiano, Bruno, Raí (Samuel) e Barbosa (Willian Rocha); Felipe Azevedo e Mazola. O Corinthians perdeu mais uma com Felipe; Moacir, Paulo André, Leandro Castán e Roberto Carlos; Ralf (Souza), Elias, Tcheco (Jucilei) e Morais (Iarley); Jorge Henrique e Ronaldo. O time do Corinthians deixou o campo sob as vaias e protestos de sua torcida que, pela primeira vez, não poupa Ronaldo, fazendo-o um de seus principais alvos. Apesar de tropeçar na bola, errar finalizações na frente do goleiro, errar passes fáceis e dar de canela outras vezes, a torcida cobrava algo que para ela é anterior a tudo isto, cobrava RAÇA do Fenômeno, gritando para toda cidade ouvir: "Isto aqui é Corinthians, vamos jogar com raça". O problema é que o time parece estar se acostumando com as derrotas, dando sinais que já não acredita nas decisões da Comissão Técnica. Na saída, para não perder a identidade, a torcida corintiana quebrou o carro de alguns jogadores e membros da equipe técnica.

100ª derrota implacável

Flamengo 1 x 0 Corinthians

Maracanã, 28 de abril de 2004

Taça libertadores. Muita chuva. O Flamengo parece mais disposto a jogar futebol. Mostra-se mais presente em campo, mais veloz, com mais mobilidade. Em campo desde o início, Ronaldo não participou da partida. Foi um a menos para o Corinthians. Tudo que tentou não deu certo. Iarley e Jorge Henrique pareciam dispensar a marcação do Flamengo, pois se atrapalhavam sozinhos; mutuamente. O presidente corintiano, durante a semana, refere-se à partida como "o jogo do ano", não se esquecendo do momento turbulento que vive o Flamengo, como se isto já indicasse a vitória corintiana. Do lado flamenguista, sua torcida não se esquece do confronto entre as duas equipes pela mesma Libertadores, de 1991, pois naquela ocasião o Flamengo também venceu o Corinthians. Mas agora o Flamengo fica com um jogador a menos logo no primeiro tempo, com a expulsão de Michael. Mas mesmo assim vence o Corinthians, com um gol de pênalti, marcado por Adriano. Mais de 62 mil pagantes testemunharam metade da última desclassificação do Corinthians na Libertadores, pois a outra metade estava reservada para mais tarde, para a segunda partida no Pacaembu, quando o time ironicamente venceria a partida, mas seria desclassificado definitivamente da Libertadores. Quem sabe outros 100 anos não sejam suficientes para que o Corinthians chegue a este tão desejado título. O Flamengo venceu com Bruno; Leonardo Moura,

David, Ronaldo Angelim e Juan; Rômulo, Maldonado (Toró), Willians Fierro e Michael; Vagner Love (Vinicius Pacheco) e Adriano. O Corinthians, orientado por Mano Menezes, perdeu a classificação jogando com Julio César; Moacir, Chicão, William e Roberto Carlos; Ralf, Jucilei, Elias e Danilo (Jorge Henrique); Dentinho (Iarley) e Ronaldo (Souza).

Outras virão...

REFERÊNCIAS

AGUIAR, Flávio. Notas sobre o Futebol como Situação Dramática In: BOSI, Alfredo (Org.). *Cultura Brasileira* – Temas e Situações. São Paulo: Ática, 1992.

CASTRO, Ruy (Org. e seleção de textos). *O Sapo de Arubinha*: os anos de sonho do futebol brasileiro, Mário Filho. São Paulo: Companhia das letras, 1994.

COSTA, Flávio Moreira da (seleção de textos). *Onze em Campo e um Banco de Primeira*. Rio de Janeiro: Relume Dumará, 1998.

DECISÕES que Lavaram a Alma. *Revista Placar*. São Paulo: Abril, 1992.

EDIÇÃO Histórica, Corinthians X Palmeiras. Revista *O Mundo do futebol*. São Paulo: Editora On Line.

GRANDES vitórias do São Paulo Futebol Clube. Revista *o Mundo do Futebol*. Edição Especial. São Paulo: Editora On Line.

KLEIN, Marco Aurélio. *Futebol Brasileiro* 1894-2001. São Paulo: Escala, 2001.

MELHY, José Carlos Sebe Bom e WITTER, José Sebastião (Orgs.). *Futebol e Cultura*: Coletânea de Estudos. São Paulo: Convênio IMESP/DAESP, 1982.

PIMENTEL, Luís (org.). *Paixão e Ficção* – Contos e Causos de Futebol. Rio de Janeiro: Myrrha Comunicação Ltda., 2009.

RODRIGUES, Nelson. *O Berro Impresso das Manchetes*. Rio de Janeiro: Agir, 2007.

SANTOS. Joel Rufino dos. *História política do Futebol Brasileiro*. Coleção Tudo é História. São Paulo: Brasiliense, 1981.

STORTI, Valmir. FONTENELLE, André. História do Campeonato Paulista. *Publifolha*, São Paulo, 1997.

UNZELTE, Celso. *Almanaque do Timão*. São Paulo: Editora Abril, 2000.

UNZELTE, Celso Dario. PORTO, Odir. *O Grande Jogo*: o maior duelo alvinegro do futebol contado por dois historiadores fanáticos. São Paulo: Novo Século, 2009.